¿Qué tan inteligente eres?

DESCUBRE TU COEFICIENTE INTELECTUAL

Calcula tu IQ en minutos

THOMAS J. CRAUGHWELL

Grupo Editorial Tomo, S.A. de C.V.
Nicolás San Juan 1043
03100, México, D.F.

1a. edición, octubre 2013.

How Smart Are You?
Test Your IQ
Thomas J. Craughwell

Published by Black Dog & Leventhal Publishers Inc.

© 2013, Grupo Editorial Tomo, S.A. de C.V.
Nicolás San Juan 1043, Col. Del Valle
03100 México, D.F.
Tels. 5575-6615, 5575-8701 y 5575-0186
Fax. 5575-6695
www.grupotomo.com.mx
ISBN-13: 978-607-415-578-5
Miembro de la Cámara Nacional
de la Industria Editorial No 2961

Traducción: Luigi Freda Eslava
Diseño de portada: Karla Silva
Formación tipográfica: Francisco Miguel M.
Supervisor de producción: Leonardo Figueroa

Este libro se publicó conforme al contrato establecido entre *Black Dog & Leventhal Publishers Inc.* y *Grupo Editorial Tomo S.A. de C.V.*

Impreso en México - *Printed in Mexico*

CONTENIDO

INTRODUCCIÓN

IQ es la abreviatura de "Cociente de Inteligencia" en inglés. Desde los primeros años del siglo XX, se han hecho pruebas a niños para determinar si son dotados, de inteligencia promedio o si sufren de algún tipo de incapacidad y les iría mejor en clases de educación especial. El fondo de la prueba de IQ era valorar la habilidad intelectual de un niño y predecir sus posibilidades de éxito en el futuro. Un niño que sacaba calificación en el nivel de dotado se ponía en el camino a la universidad, mientras que se podía señalar a un niño con calificaciones promedio para uno de los oficios o para trabajo de oficina.

En la actualidad, una prueba de IQ rara vez se hace a niños, pero este tipo de pruebas todavía se administran a adultos como forma de medir su potencial intelectual. También ha cambiado la forma de calificar: en lugar de medir los resultados de la prueba contra un estándar fijo, las calificaciones de quienes hacen una prueba de IQ se comparan con las calificaciones de otros adultos que han hecho la prueba.

El sistema de calificación estándar para una prueba de IQ es:

165 Genio
148-132 Inteligencia Dotada o Superior
115 Inteligencia Superior a lo Normal
99 Inteligencia Promedio
83 Inteligencia Abajo del Promedio
70 o menos Inteligencia Muy Baja

Las cincuenta pruebas de IQ de este libro están planeadas para estudiantes de preparatoria y adultos y tienen la intención de ser divertidas. Cada capítulo inicia con más información sobre la prueba de IQ y otras pruebas de inteligencia. Tus calificaciones no reflejarán tu inteligencia real o predecirán lo exitoso que serás en la escuela o en tu carrera. Lo que es más, nuestras pruebas de IQ son breves; una prueba real de IQ que administran profesionales es mucho más complicada y se requiere al menos una hora para completarla.

Por lo tanto, ¡disfruta estas pruebas! Por un lado, no te quedes fijo en tu calificación. Pero, por otro lado, no te sorprendas si las calificaciones indican que eres más inteligente de lo que pensabas.

CAPÍTULO 1

LA FORMA RARA

Los orígenes de la prueba de IQ

Todo empezó con un simple caso de rivalidad familiar. Francis Galton (1822-1911) fue uno de esos caballeros victorianos que parecían capaces de hacer lo que fuera: fue explorador, geógrafo, inventor, antropólogo, meteorólogo, estadístico e incluso coqueteó en lo que entonces era la nueva ciencia de la genética. Sin embargo, Galton era un desconocido en comparación con su famoso primo, Charles Darwin. Ilusionado por tomar su parte de atención, Galton creó una teoría de que la inteligencia humana era genética, o en otras palabras, que era hereditaria… que era probable que los padres inteligentes tuvieran hijos inteligentes. Lo que es más, Galton creía que la inteligencia se podía medir, y de este modo se predeciría lo probable que un niño tuviera éxito en la escuela.

Por desgracia, el sistema de medición de Galton se concentraba en atributos físicos, como tiempo de reacción y sensibilidad de la piel, en lugar de las destrezas cognitivas; por supuesto, la sensibilidad de la piel no predice si un niño es material para la universidad. Se rechazó el método de Galton.

En Francia, el gobierno francés pidió al psicólogo Alfred Binet (1857-1911) que creara una prueba que midiera la inteligencia de un niño. Francia acababa de aprobar una ley que exigía que todos los niños asistieran a la escuela y existía un amplio interés en saber qué niños eran prometedores en especial y cuáles requerían ayuda especial. Trabajando con un colega, Theodore Simon, Binet diseñó una prueba que no tenía nada que ver con un plan de estudios de escuela típico. En lugar de eso, Binet y Simon plantearon preguntas que revelaban información sobre el lapso de atención de un niño, su capacidad para recordar y sus destrezas para resolver problemas. El método de Binet-Simon fue la primera prueba de IQ.

Lewis Terman, psicólogo de la universidad de Stanford, estudió la prueba en Estados Unidos. Modificó la prueba de Binet y Simon, creando en 1916 la Escala de Inteligencia de Stanford-Binet. La contribución más significativa de la prueba de Stanford fue la calificación del cociente de inteligencia. La fórmula de Terman era dividir la edad mental del niño, o sus destrezas, con su edad cronológica, luego multiplicar el resultado por 100. Por lo tanto, un niño con una edad mental o destrezas de un niño de 12 años de edad y una edad cronológica de 10 años tendría una calificación de IQ de 120.

Al inicio del siglo XX, el gobierno de Estados Unidos empleó la prueba de IQ de Stanford-Binet para valorar la inteligencia de los reclutas del ejército e incluso para clasificar a los inmigrantes cuando llegaban a la Isla Ellis.

Analogías de forma

1 Examina las formas e identifica la que es menos parecida a las otras.

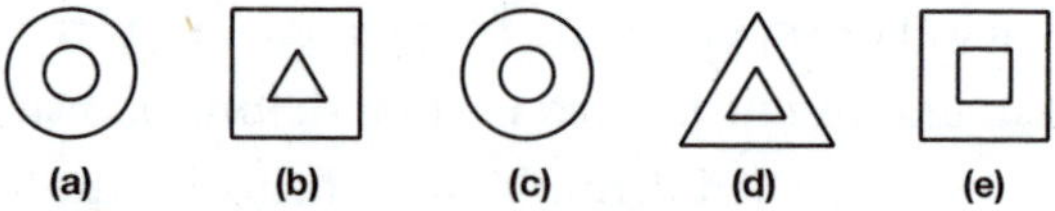

2 Examina las formas e identifica la que es menos parecida a las otras.

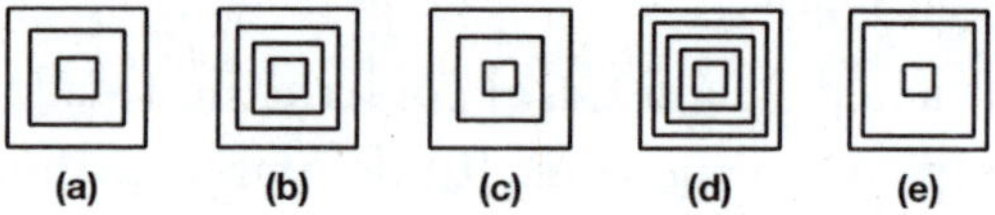

3 Examina las formas e identifica la que es menos parecida a las otras.

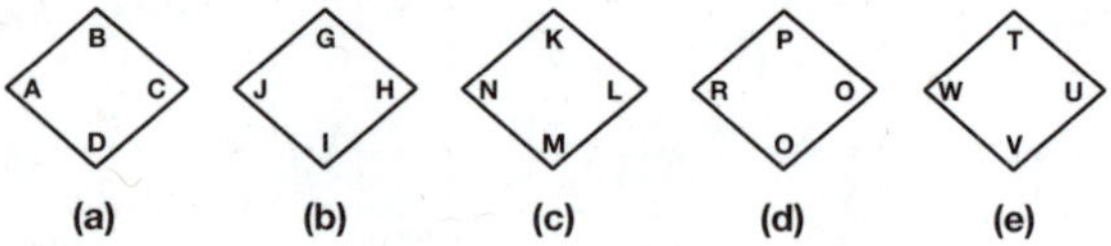

4 Examina las formas e identifica la que es menos parecida a las otras.

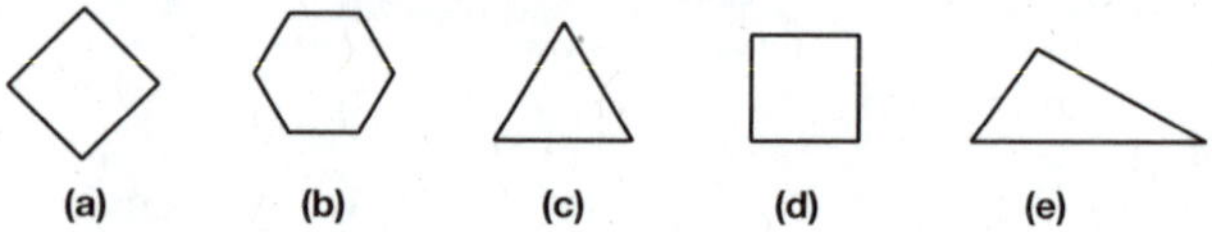

5 Examina las formas e identifica la que es menos parecida a las otras.

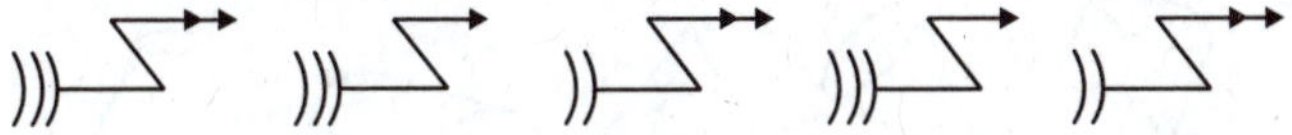

(a) (b) (c) (d) (e)

6 Las tarjetas 1 a 6 siguen un patrón. ¿Cuál tarjeta es la siguiente en la secuencia?

(1) (2) (3)

(4) (5) (6)

(a) (b)

(c) (d)

7 Examina las formas e identifica la que es menos parecida a las otras.

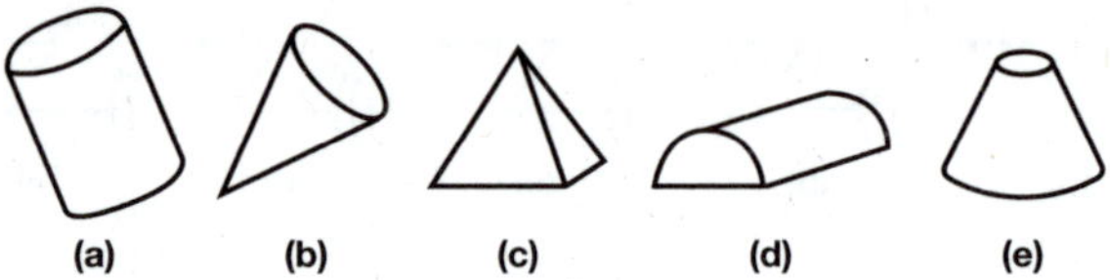

8 ¿Cuál forma es la siguiente en la secuencia?

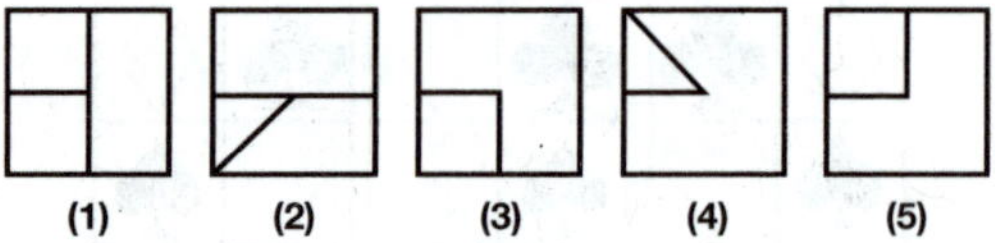

Escoge de:

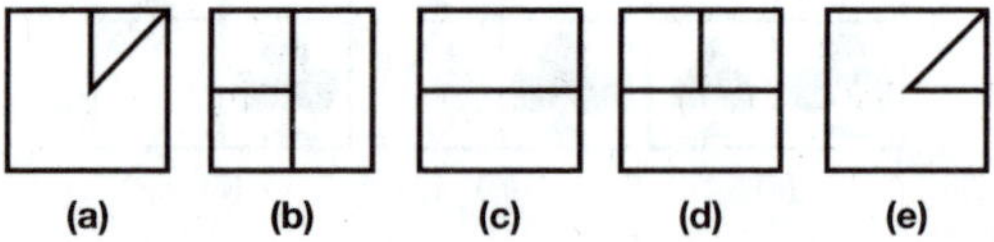

9 ¿Cuál forma es la siguiente en la secuencia?

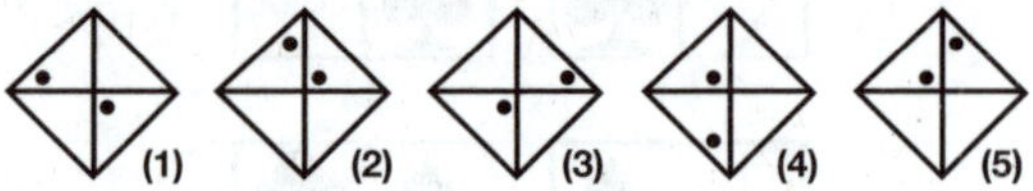

Escoge de:

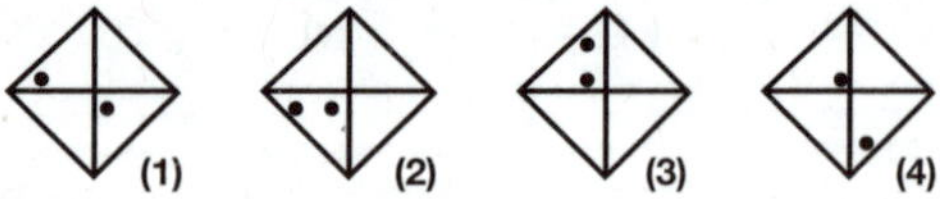

⑩ Examina las formas e identifica la que es menos parecida a las otras.

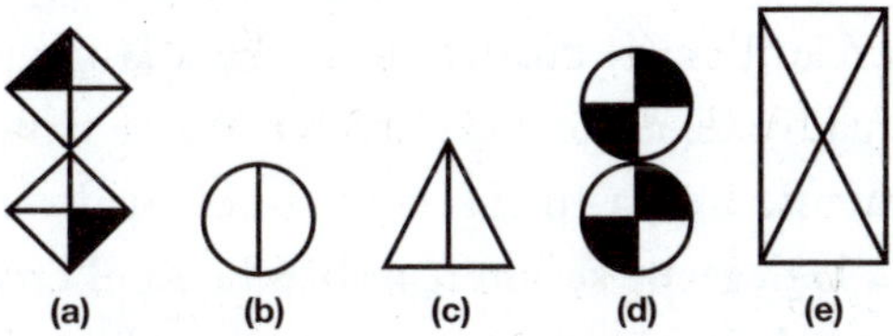

RESPUESTAS

① B. En todas las otras formas, la figura del interior es una versión más pequeña de la figura externa.

② B. Es la única figura con un número par de cuadros. Todas las demás tienen un número non.

③ D. Es el único diamante que no tiene letras que avanzan en orden alfabético de la parte superior y que van en el sentido de las manecillas del reloj.

④ E. Es la única figura en la serie que no es simétrica.

⑤ A. Es la única figura en la serie que no tiene pareja.

⑥ B. En la figura 2, se intercambian los dos cuadros superiores de la figura 1. En la figura 3, se intercambian los dos cuadros de abajo. En la figura

4 se intercambian los dos cuadros verticales a la izquierda. En la figura 5 se intercambian los dos cuadros verticales a la derecha. En la figura 6 se intercambian el cuadro de arriba a la izquierda y el cuadro de abajo a la derecha. Por lo tanto, en la siguiente figura en la secuencia, el cuadro de arriba a la derecha se intercambiará con el cuadro de abajo a la izquierda.

⑦ C. La figura C sólo está formada por líneas rectas. Todas las demás figuras están formadas por líneas rectas y curvas.

⑧ E. Existen dos líneas que se mueven en estas figuras: una se mueve 90 grados cada vez, la otra se mueve 45 grados. La línea de puntos nunca se mueve, pero a veces la cubren las líneas que se mueven.

⑨ B. El punto en el exterior de la figura se mueve en el sentido de las manecillas del reloj, primero un triángulo, luego dos triángulos, luego tres triángulos, etc. El punto dentro de la figura se mueve en sentido contrario a las manecillas del reloj, primero un triángulo, luego dos triángulos, luego tres triángulos, etcétera.

⑩ C. Todas las demás figuras se ven exactamente iguales cuando se voltean de cabeza.

CALIFICACIÓN

Otorga 16.5 puntos por cada respuesta correcta.

165 Genio
148-132 Inteligencia Dotada o Superior
115 Inteligencia Superior a lo Normal
99 Inteligencia Promedio
83 Inteligencia Abajo del Promedio
70 o menos Inteligencia Muy Baja

Más analogías de forma

1 Elige la figura que mejor completa la analogía.

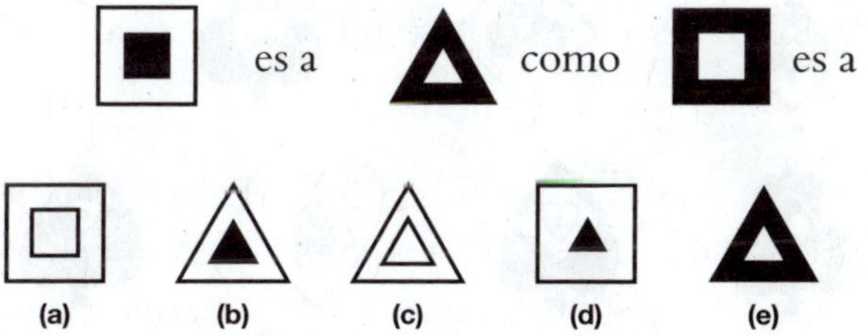

2 Elige la figura que mejor completa la analogía.

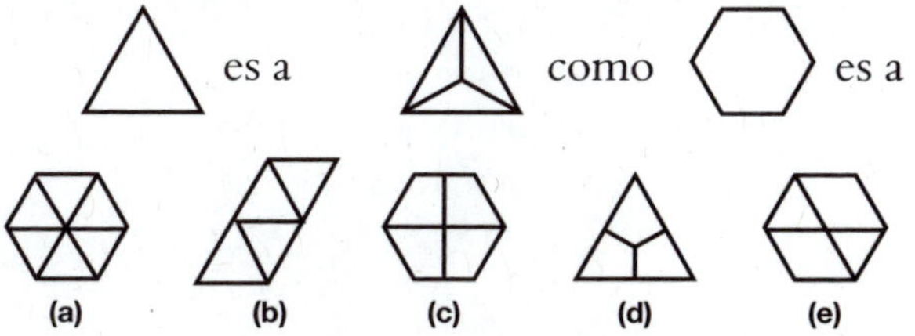

❸ Elige la figura que mejor completa la analogía.

 es a 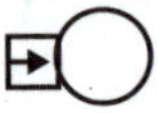 como  es a

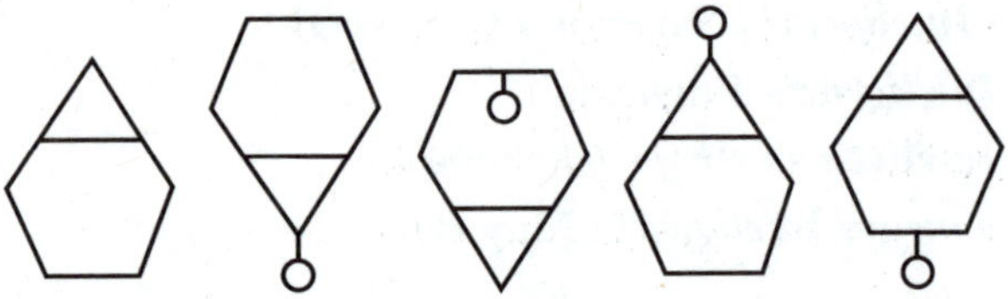

(a) (b) (c) (d) (e)

❹ Elige la figura que mejor completa la analogía.

 es a  como  es a

5 Elige la figura que mejor completa la analogía.

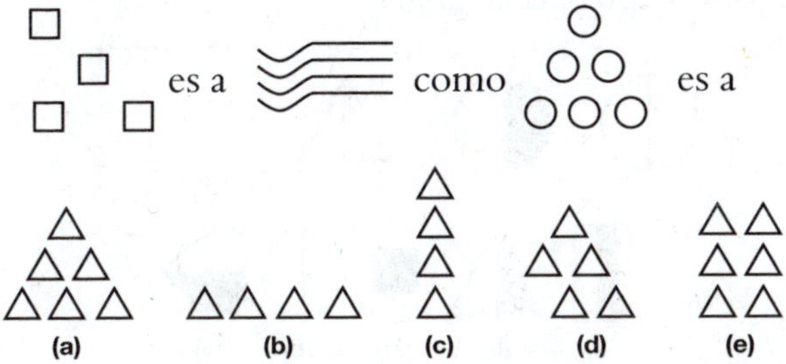

6 Elige la figura que mejor completa la analogía.

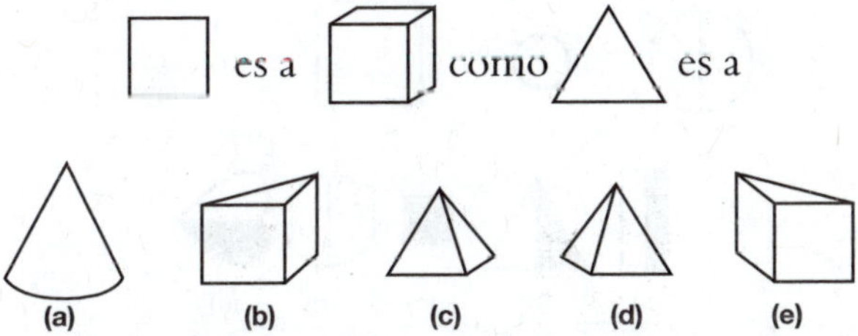

7 De las siguientes 5 figuras, elige la forma que mejor completa la analogía.

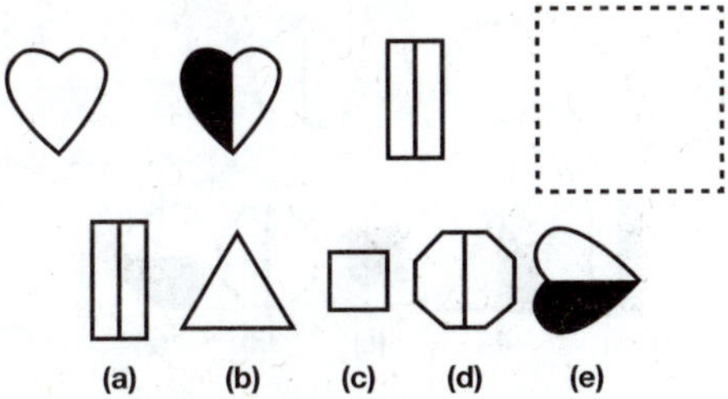

8 De las siguientes 5 figuras, elige la forma que mejor completa la analogía.

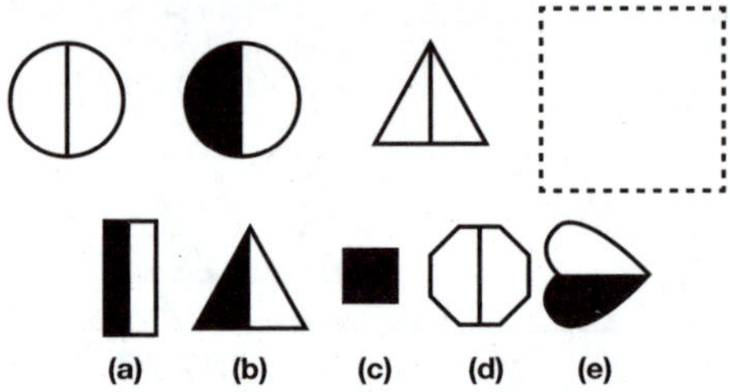

9 De las siguientes 5 figuras, elige la forma que mejor completa la analogía.

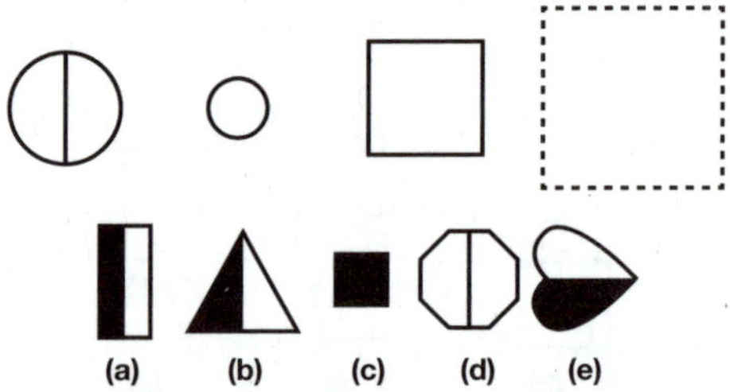

10 De las siguientes 5 figuras, elige la forma que mejor completa la analogía.

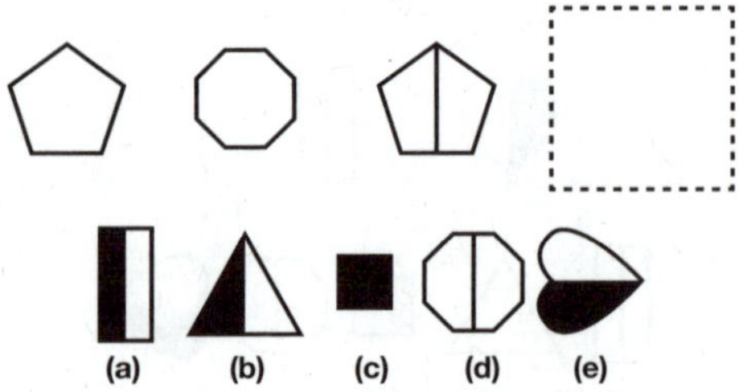

RESPUESTAS

① B. Está invertido el sombreado de las figuras internas y externas.

② A. El hexágono está dividido en seis partes iguales, al igual que el triángulo está dividido en tres partes iguales.

③ E. Están invertidas las líneas cortas en las figuras.

④ B. Ésta es la secuencia: La figura central pequeña se vuelve la figura externa grande; la siguiente figura central más pequeña se vuelve la siguiente figura externa grande; la siguiente figura central más pequeña se vuelve la siguiente figura externa grande; la figura externa más grande se vuelve la diminuta figura del centro.

⑤ E. Cuatro cuadros son a cuatro líneas como seis bolas son a seis triángulos.

⑥ C. Como el cubo, la pirámide muestra su lado derecho.

⑦ A. El rectángulo está sombreado en el lado izquierdo.

⑧ B. El triángulo está sombreado en el lado izquierdo.

⑨ C. El cuadro sombreado pequeño corresponde al círculo pequeño sombreado.

⑩ D. El hexágono dividido corresponde al pentágono dividido.

CALIFICACIÓN

Otorga 16.5 puntos por cada respuesta correcta.

165 Genio
148-132 Inteligencia Dotada o Superior
115 Inteligencia Superior a lo Normal
99 Inteligencia Promedio
83 Inteligencia Abajo del Promedio
70 o menos Inteligencia Muy Baja

Reconocimiento de diseños

Identifica la letra o número que no pertenece a las siguientes series.

❶ a. X
b. L
c. T
d. 7
e. 4

❷ a. M
b. S
c. W
d. N
e. X

3
a. 4
b. Z
c. A
d. E
e. F

4
a. 2
b. O
c. C
d. Q
e. 8

5
a. F
b. Z
c. A
d. B
e. N

6
a. B
b. D
c. C
d. P
e. R

7
a. I
b. T
c. A
d. W
e. U

8
a. D
b. U
c. O
d. I
e. E

9
a. C
b. P
c. I
d. L
e. F

10
a. 6
b. 2
c. 8
d. 5
e. 4

RESPUESTAS

1. e. 4. Todos los demás caracteres están formados por dos líneas.

2. b. S. Todos los demás caracteres contienen ángulos.

3. d. E. Todos los demás caracteres están formados con tres líneas.

4. a. 2. Todos los demás caracteres están basados en formas redondas.

5. c. A. Todas las otras letras son consonantes, A es vocal.

6. c. C. Todas las otras letras están formadas por una línea recta y una curva.

7. e. U. Las letras están en orden ascendente de número de líneas necesarias para escribirlas. U se hace con una curva.

8. a. D. Cuatro de las letras son vocales; D es consonante.

⑨ b. P. Cuando cuentas las letras del alfabeto por tres, las otras cuatro letras son el tercero en el patrón.

⑩ d. 5. Los otros números se pueden dividir por dos.

CALIFICACIÓN

Otorga 16.5 puntos por cada respuesta correcta.

165 Genio
148-132 Inteligencia Dotada o Superior
115 Inteligencia Superior a lo Normal
99 Inteligencia Promedio
83 Inteligencia Abajo del Promedio
70 o menos Inteligencia Muy Baja

Más reconocimiento de diseños

1 De las siguientes 6 figuras, identifica la que es significativamente diferente de las otras formas.

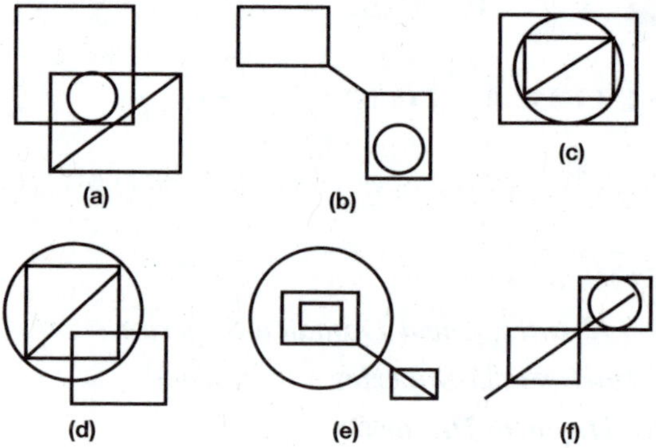

2 Las formas de la izquierda forman una analogía incompleta. De las 3 figuras de la derecha, escoge la forma que completa mejor la analogía.

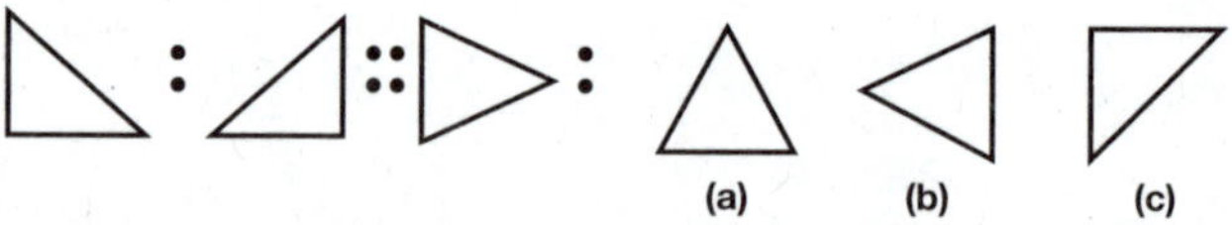

3 Las formas de la izquierda forman una analogía incompleta. De las 3 figuras de la derecha, escoge la forma que completa mejor la analogía.

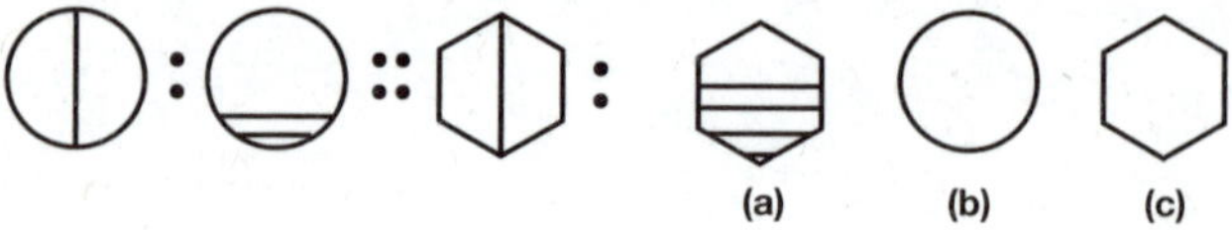

4. Las formas de la izquierda forman una analogía incompleta. De las 3 figuras de la derecha, escoge la forma que completa mejor la analogía.

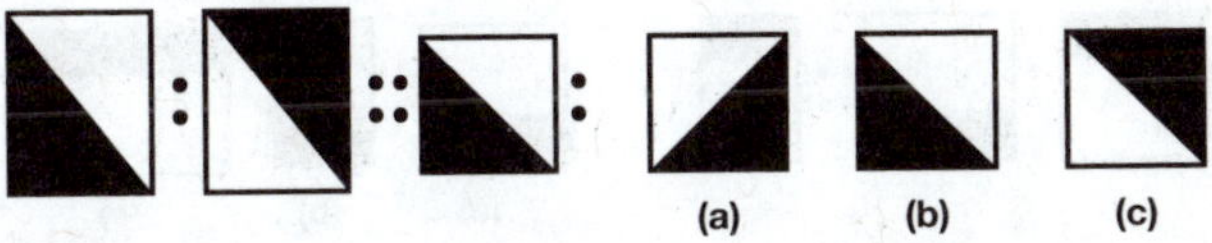

5. Las formas de la izquierda forman una analogía incompleta. De las 3 figuras de la derecha, escoge la forma que completa mejor la analogía.

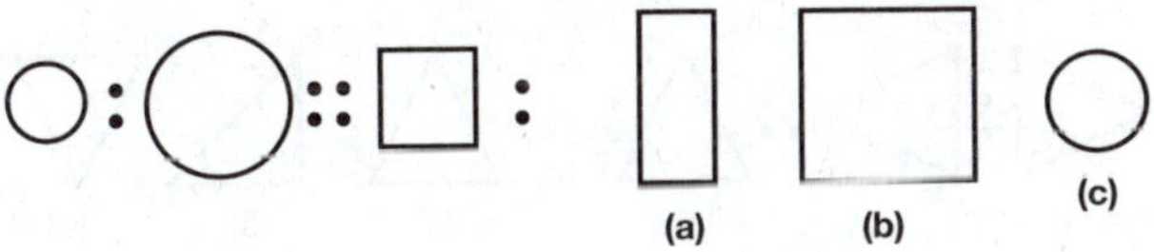

6. Las formas de la izquierda forman una analogía incompleta. De las 3 figuras de la derecha, escoge la forma que completa mejor la analogía.

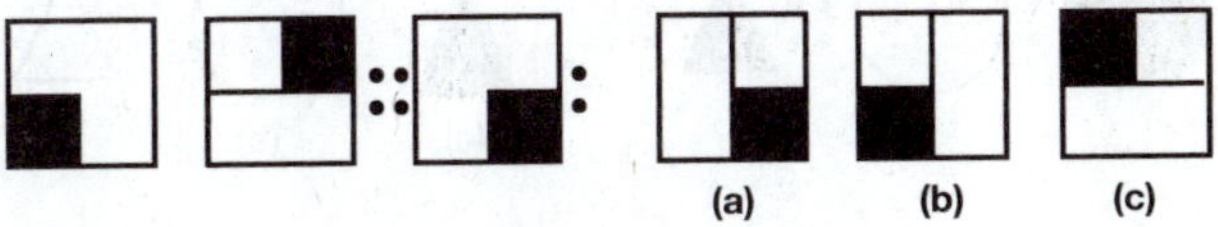

7. Las formas de la izquierda forman una analogía incompleta. De las 3 figuras de la derecha, escoge la forma que completa mejor la analogía.

(a) (b) (c)

8. Las formas de la izquierda forman una analogía incompleta. De las 3 figuras de la derecha, escoge la forma que completa mejor la analogía.

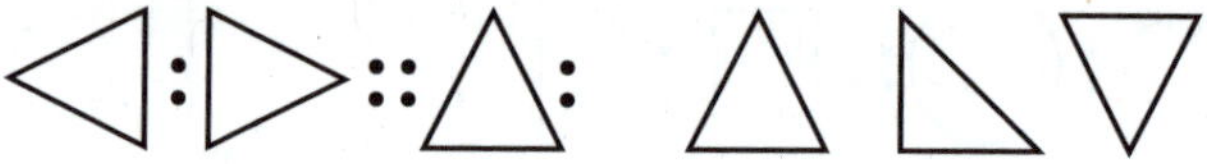

(a) (b) (c)

9. Las formas de la izquierda forman una analogía incompleta. De las 3 figuras de la derecha, escoge la forma que completa mejor la analogía.

(a) (b) (c)

⑩ Las formas de la izquierda forman una analogía incompleta. De las 3 figuras de la derecha, escoge la forma que completa mejor la analogía.

RESPUESTAS

① B. Es la única figura que no tiene dos triángulos.

② B. Es la imagen de espejo, o invertida, del triángulo equilátero.

③ A. Tiene el patrón de barra horizontal del segundo círculo.

④ C. Es la imagen inversa del cuadro pequeño.

⑤ B. El cuadro más grande corresponde al círculo más grande.

⑥ C. El cuadro sombreado salta en diagonal y añade una línea o cola.

⑦ B. Es del mismo tamaño que el primer rectángulo alto.

⑧ C. Es el opuesto del segundo triángulo.

⑨ C. Los dos círculos son del mismo tamaño, así que los dos triángulos deben ser también del mismo tamaño.

⑩ C. Todas las figuras son imágenes especulares unas de otras.

CALIFICACIÓN

Otorga 16.5 puntos por cada respuesta correcta.

165 Genio
148-132 Inteligencia Dotada o Superior
115 Inteligencia Superior a lo Normal
99 Inteligencia Promedio
83 Inteligencia Abajo del Promedio
70 o menos Inteligencia Muy Baja

CAPÍTULO 2

PRUEBAS DE MATEMÁTICAS

Las escalas de inteligencia Wechsler

En la década de 1930, un psicólogo estadunidense, David Wechsler, estudió la inteligencia humana y la definió como una capacidad individual “para actuar con propósito, pensar con racionalidad y manejar en forma efectiva su medio ambiente”. Llegó a pensar que la prueba Stanford-Binet era demasiado limitada; en un intento por medir mejor la inteligencia con el paso del tiempo, Wechsler creó tres pruebas de IQ: la Escala de Inteligencia Wechsler para Niños, la Escala de Inteligencia Wechsler de Preescolar y Primaria y la Escala de Inteligencia Wechsler para Adultos.

Wechsler rechazó el método de Stanford de calificación basado en la edad cronológica. Creó un método en que los resultados de la prueba se comparaban con los resultados de otros usuarios de la prueba en el grupo de la misma edad. Wechsler descubrió que 100 era una calificación promedio y que dos terceras partes de los niños y adultos que hacían su prueba sacaban entre 85 y 115, lo que él dijo indicaba la inteligencia normal.

El método de David Wechsler se convirtió en el sistema de calificación estándar para las pruebas de IQ en la segunda mitad del siglo XX y todavía se emplea en la actualidad en las pruebas de IQ.

Problemas de palabras

1 En una prueba reciente, María recibió la calificación undécima más alta y la calificación undécima más baja en su clase. ¿Cuántos estudiantes hay en la clase de María?

A. 23
B. 22
C. 11
D. 29
E. 12

2 Un suéter en una tienda departamental está rebajado 50 por ciento. Para que el mismo suéter se venda de nuevo a su precio original, ¿por qué porcentaje se debe remarcar?

A. 25%
B. 50%
C. 75%
D. 100%
E. 150%

3 En un día, una verdulería vendió 360 kg de naranjas. La tienda vendió el doble de manzanas en la tarde que en la mañana. ¿Cuántos kg de naranjas vendió en la mañana y cuántas en la tarde?

A. 80 kg en la mañana, 280 kg en la tarde
B. 90 kg en la mañana, 270 kg en la tarde
C. 120 kg en la mañana, 240 kg en la tarde
D. 100 kg en la mañana, 260 kg en la tarde
E. 140 kg en la mañana, 220 kg en la tarde

4 Morgan tiene 15 años de edad. Es 3 veces mayor que su hermana. ¿A qué edad tendrá el doble de edad que su hermana?

A. 18 **C.** 24 **E.** 33
B. 21 **D.** 20

5 Un auto viajó 281 kilómetros en 4 horas y 41 minutos. ¿Cuál fue la velocidad promedio del auto en kilómetros por hora?

A. 75 kilómetros por hora
B. 60 kilómetros por hora
C. 55 kilómetros por hora
D. 50 kilómetros por hora
E. 45 kilómetros por hora

6 Daniel compró 20 tarjetas de beisbol. Algunas cuestan 25 centavos cada una, otras cuestan 15 centavos cada una. Gastó 4.20 dólares en total. ¿Cuántas tarjetas de cada tipo compró?

A. 8 tarjetas de 25 centavos y 12 tarjetas de 15 centavos
B. 10 tarjetas de 25 centavos y 10 tarjetas de 15 centavos
C. 14 tarjetas de 25 centavos y 6 tarjetas de 15 centavos
D. 6 tarjetas de 25 centavos y 14 tarjetas de 15 centavos
E. 12 tarjetas de 25 centavos y 8 tarjetas de 15 centavos

7 Una preparatoria tiene 40 estudiantes en último año. Cuarenta por ciento de los estudiantes está tomando física, 30 por ciento está tomando química y 10 por ciento no está tomando ninguna de ellas. ¿Cuántos estudiantes no toman ni física ni química?

A. 16 estudiantes
B. 17 estudiantes
C. 18 estudiantes
D. 19 estudiantes
E. 20 estudiantes

8 Dos bombas que trabajan juntas pueden llenar un tanque de agua en 18 minutos. Una bomba trabaja dos veces más rápido que la otra. Si cada bomba trabajara sola, ¿cuánto tiempo tomaría llenar el tanque de agua?

A. bomba rápida 20 minutos, bomba lenta 61 minutos
B. bomba rápida 23 minutos, bomba lenta 46 minutos
C. bomba rápida 27 minutos, bomba lenta 54 minutos
D. bomba rápida 30 minutos, bomba lenta 60 minutos
E. bomba rápida 33 minutos, bomba lenta 59 minutos

9. Elena lee dos terceras partes de una novela. La parte que leyó era 90 páginas mayor a la porción sin leer de la novela. ¿Cuántas páginas tiene el libro?

A. 300 páginas **C.** 295 páginas **E.** 250 páginas
B. 270 páginas **D.** 287 páginas

10. Torres pensó en un número, lo dividió entre 5, luego restó 154 y obtuvo 6. ¿Cuál es el número que Torres pensó?

A. 524 **C.** 400 **E.** 800
B. 774 **D.** 664

RESPUESTAS

① A. 23

② D. 100%

③ C. 120 kg en la mañana, 250 kg en la tarde

④ D. 20

⑤ B. 60 kilómetros por hora

⑥ E. 12 tarjetas de 25 centavos y 8 tarjetas de 15 centavos

⑦ A. 16 estudiantes

⑧ C. bomba rápida 27 minutos, bomba lenta 54 minutos

⑨ B. 270 páginas

⑩ E. 800

CALIFICACIÓN

Otorga 16.5 puntos por cada respuesta correcta.

165 Genio
148-132 Inteligencia Dotada o Superior
115 Inteligencia Superior a lo Normal
99 Inteligencia Promedio
83 Inteligencia Abajo del Promedio
70 o menos Inteligencia Muy Baja

Series de números

Para cada problema, identifica el siguiente número en la serie.

1. 5 6 10 12 20 33 40 44

   A. 80 **B.** 66 **C.** 24 **D.** 128 **E.** 60

2. 5 13 21 29 37 44

   A. 53 **B.** 52 **C.** 61 **D.** 51 **E.** 54

3. 2 5 10 17 26 37 50 65 82

   A. 144 **B.** 101 **C.** 88 **D.** 89 **E.** 90

4. 503 484 465 446 427 408

   A. 398 **B.** 308 **C.** 398 **D.** 399 **E.** 389

5. 737 774 811 848 885

   A. 903 **B.** 907 **C.** 922 **D.** 897 **E.** 921

6. 4 3 5 4 7 6 10 9 14 13 19 18

   A. 21 **B.** 22 **C.** 23 **D.** 24 **E.** 25

7 17 51 153 459 1,377

A. 2,922 **C.** 3,759 **E.** 4,427
B. 3,123 **D.** 4,131

8 431 422 413 404 395

A. 386 **C.** 388 **E.** 385
B. 387 **D.** 389

9 291 293 586 588 1,176 1,178 2,356 2,358

A. 4,671 **C.** 4,716 **E.** 6,147
B. 4,167 **D.** 4,617

10 17 14 22 19 27 24 21 29 26 34 31

A. 29 **C.** 41 **E.** 43
B. 39 **D.** 46

RESPUESTAS

① A. 80. La solución de la serie es: suma 1, duplica el primer número; suma 2, duplica el tercer número; suma 3, duplica el quinto número; suma cuatro, duplica el séptimo número.

② B. 52. La serie se crea sumando 8.

③ B. 101. La serie se crea sumando números nones en orden numérico empezando con 3. En otras palabras, más 3, más 5, más 7, más 9, etc.

④ E. 389. La serie se logra restando 19 al número previo.

⑤ C. 922. La serie se logra sumando 37 al número previo.

⑥ E. 25. La serie es menos 1, más dos; menos 1, más 3; menos 1, más 4, etc.

⑦ D. 4,131. El número se triplica cada vez.

⑧ A. 386. Cada número disminuye en 9.

⑨ C. 4,716. El patrón de la serie es más 2, duplicar el número.

⑩ B. 39. El patrón es menos 3, más 8.

CALIFICACIÓN

Otorga 16.5 puntos por cada respuesta correcta.

165 Genio
148-132 Inteligencia Dotada o Superior
115 Inteligencia Superior a lo Normal
99 Inteligencia Promedio
83 Inteligencia Abajo del Promedio
70 o menos Inteligencia Muy Baja

Números faltantes

Identifica el número faltante en cada serie.

1. 316 – 302 295 288 281

A. 304 **C.** 301 **E.** 310
B. 303 **D.** 309

2. 6/24 12/48 18/72 24/96 30/120 36/ —

A. 125 **C.** 143 **E.** 114
B. 144 **D.** 126

3. 39 78 117 195 312 507 —

A. 819 **C.** 624 **E.** 818
B. 737 **D.** 799

4. 2 3 5 7 11 13 17 19 – 29 31

A. 20 **C.** 22 **E.** 27
B. 21 **D.** 23

5. 148 444 1,332 3,996 11,988 —

A. 23,000 **C.** 29,970 **E.** 35,964
B. 23,976 **D.** 33,102

6. 14,568 – 3,642 1,821 910.5 455.25

A. 12,366 **C.** 7,284 **E.** 9,324
B. 10,888 **D.** 8,675

7. — 246 239 232 225 218

A. 253 **C.** 255 **E.** 257
B. 254 **D.** 256

8. 655 663 – 679 687 695

A. 670 **C.** 675 **E.** 678
B. 671 **D.** 680

9. 926 936 931 936 946 — 951

A. 937 **C.** 939 **E.** 941
B. 938 **D.** 940

10. 31/93 47/141 52/156 66/198 74/222 89/ —

A. 231 **C.** 267 **E.** 266
B. 243 **D.** 255

RESPUESTAS

① D. 309. La serie se logra restando 7 al número previo.

② B. 144. El denominador es 4 veces el numerador.

③ A. 819. Se duplica el primer número. Luego cada número siguiente es la suma de los 2 números previos.

④ D. 23. Los números son todos números primos, cada uno de los cuales sólo se puede dividir entre 1 y ellos mismos.

⑤ E. 35,964. Los números se triplican.

⑥ C. 7,284. Cada número es la mitad del número anterior.

⑦ A. 253. Cada número disminuye en 7.

⑧ B. 671. Cada número aumenta en 8.

⑨ E. 941. El patrón es más 10, luego menos 5.

⑩ C. 267. El denominador es 3 veces el numerador.

CALIFICACIÓN

Otorga 16.5 puntos por cada respuesta correcta.

165 Genio
148-132 Inteligencia Dotada o Superior
115 Inteligencia Superior a lo Normal
99 Inteligencia Promedio
83 Inteligencia Abajo del Promedio
70 o menos Inteligencia Muy Baja

Más problemas de números

1. A un fabricante de DVD le cuesta X dólares por disco hacer los primeros 1,000 discos de un título de DVD. Después de los primeros 1,000, el costo baja a sólo un tercio de X dólares. Si X = 1.50 dólares, ¿cuánto costará al fabricante producir 4000 discos de DVD?

   A. 2,500 dólares
   B. 3,000 dólares
   C. 3,500 dólares
   D. 3,750 dólares
   E. 4,000 dólares

2 Un tren que viaja a 60 kph entra a un túnel. El túnel tiene 5 kilómetros de largo. El tren tiene 1 kilómetro de largo. ¿Cuántos minutos le tomará al tren completo viajar por el túnel?

A. 10 minutos **C.** 8 minutos **E.** 6 minutos
B. 9 minutos **D.** 7 minutos

3 En una elección local, el candidato republicano recibió una y media veces la cantidad de votos de su oponente demócrata. El demócrata recibió una tercera parte más de votos que el candidato independiente. Si el independiente recibió 900 votos, ¿cuántos votos recibió el republicano?

A. 600 votos **C.** 1500 votos **E.** 1800 votos
B. 1200 votos **D.** 1700 votos

4 El precio completo de menudeo de un CD es 8.95 dólares; se vendieron 800. Sesenta por ciento de los CD se vendieron con un descuento de 50 por ciento del precio completo de menudeo. Veinte por ciento se vendieron con un descuento de 30 por ciento del precio completo de menudeo. El resto se vendió al precio completo de menudeo de 8.95 dólares. Redondeando a la cantidad en dólares más cercana, ¿cuánto ingreso se produjo por la venta de estos CD?

A. 4431 dólares **C.** 4213 dólares **E.** 4114 dólares
B. 4579 dólares **D.** 3999 dólares

5 El día laboral de Hunter empieza a las 8:54 a. m. y termina a las 5:15 p. m. Le permiten 60 minutos para comer y 30 minutos para descansos. ¿Cuántas horas trabaja Hunter en cinco días?

A. 40 horas
B. 39 horas
C. 35 horas
D. 36 horas
E. 37 horas

6 Un mesero en un restaurante presenta a una pareja la cuenta de su comida. A la pareja se le cobraron 12.50 dólares por los aperitivos, 28.55 dólares por el plato fuerte y 8.95 dólares por el postre. El mesero añadió 15 por ciento por el servicio a la cuenta. ¿Cuánto pagó la pareja?

A. 56.25 dólares
B. 57.50 dólares
C. 55.00 dólares
D. 52.75 dólares
E. 51.50 dólares

7 El precio completo de menudeo de un conjunto de lápices es 1.80 dólares. Como parte de una venta de "vuelta a la escuela", se hizo un descuento al precio de 15 por ciento. ¿Cuál es el precio de venta del paquete de lápices?

A. 1.53 dólares
B. 1.30 dólares
C. 1.35 dólares
D. 1.49 dólares
E. 1.60 dólares

8 En 1964 se incluyó el volibol en los Juegos Olímpicos. El basquetbol se creó setenta y tres años antes de que el volibol se convirtiera en deporte olímpico. ¿En qué año se creó el basquetbol?

A. 1873 **C.** 1907 **E.** 1900
B. 1903 **D.** 1891

9 Eduardo y Lisa coleccionan tarjetas de beisbol. Eduardo tiene 248 tarjetas. Lisa tiene 75 tarjetas más que Eduardo. ¿Cuántas tarjetas hay en la colección de Lisa?

A. 299 tarjetas
B. 301 tarjetas
C. 323 tarjetas
D. 275 tarjetas
E. 335 tarjetas

10 Un restaurante de comida rápida paga a sus empleados 7.95 dólares por hora de lunes a viernes. A los empleados que trabajan el sábado o el domingo se les paga 9.25 dólares por hora. Empezando el lunes, Benito trabajó siete horas por día durante seis días consecutivos en el restaurante. ¿Cuánto ganó en esos seis días?

A. 343 dólares
B. 299.25 dólares
C. 303 dólares
D. 314.75 dólares
E. 351 dólares

RESPUESTAS

① B. 3,000 dólares

② E. 6 minutos

③ E. 1,800 votos

④ B. 4,579 dólares

⑤ C. 35 horas

⑥ B. 57.50 dólares

⑦ A. 1.53 dólares

⑧ D. 1891

⑨ C. 323 tarjetas

⑩ A. 343 dólares

CALIFICACIÓN

Otorga 16.5 puntos por cada respuesta correcta.

165 Genio
148-132 Inteligencia Dotada o Superior
115 Inteligencia Superior a lo Normal
99 Inteligencia Promedio
83 Inteligencia Abajo del Promedio
70 o menos Inteligencia Muy Baja

Aún más problemas de palabras

1 El número de pollos y cerdos que un granjero posee es un total de 8. Si hay 26 patas en el corral, ¿cuántos pollos hay y cuántos cerdos?

A. 1 pollo y 7 puercos
B. 2 pollos y 6 puercos
C. 4 pollos y 4 puercos
D. 5 pollos y 3 puercos
E. 3 pollos y 5 puercos

2 Miguel, Carolina y Clara hicieron una fiesta. Cada uno invitó a 1 persona. Cada una de estas personas invitó a 2 amigos. Cada uno de esos amigos invitó a otros 3 amigos. Si suponemos que todos los que invitaron llegaron a la fiesta, ¿cuántas personas asistieron (incluyendo a Miguel, Carolina y Clara)?

A. 30 personas **C.** 35 personas **E.** 39 personas
B. 33 personas **D.** 37 personas

3 La población de la ciudad de Woodbury crece todos los años. El primer año se mudaron a la ciudad 3 familias nuevas. El año siguiente 8 familias, el año siguiente 13 familias, y el año siguiente 18 familias. Asumiendo que este patrón continúa,

¿en qué año se habrán mudado 43 nuevas familias a Woodbury?

A. el octavo año
B. el noveno año
C. el undécimo año
D. el duodécimo año
E. el decimotercer año

4 Un cliente gasta 11 dólares en un boleto de cine y palomitas de maíz. El boleto cuesta 5 dólares más que las palomitas. ¿Cuánto costó el boleto de cine?

A. 5 dólares **C.** 7 dólares **E.** 9 dólares
B. 6 dólares **D.** 8 dólares

5 El equipo de softbol de los Tiburones tiene 24 jugadores. El equipo de softbol de los Osos tiene 24 jugadores. El equipo de futbol de los Potros tiene 18 jugadores menos que los 2 equipos de softbol combinados. ¿Cuántos jugadores hay en el equipo de futbol de los Potros?

A. 33 jugadores
B. 51 jugadores
C. 42 jugadores
D. 29 jugadores
E. 19 jugadores

6 Alejandro tiene 1000 dólares en su cuenta corriente. El sábado depositó 250 dólares en su cuenta, y el lunes retiró 540 dólares. ¿Cuál es el balance en la cuenta corriente de Alejandro?

A. 444 dólares **C.** 710 dólares **E.** 715 dólares
B. 625 dólares **D.** 801 dólares

7 Un estacionamiento de Filadelfia cobra 6 dólares por la primera hora y 5 dólares extra por cada hora posterior o parte de hora. Si una turista deja su auto a las 6 p. m. y lo recoge a las 10:30 p. m., ¿cuánto pagará por estacionamiento?

A. 22 dólares **C.** 24 dólares **E.** 26 dólares
B. 23 dólares **D.** 25 dólares

8 En un evento para recaudar fondos, una clase de secundaria vendió papelería. Una caja de papel para notas cuesta 12 dólares; una caja de tarjetas para notas cuesta 8 dólares.

Las ventas totales del evento para recaudar fondos fueron de 1236 dólares. Si los estudiantes vendieron 55 cajas de papel para notas, ¿cuántas cajas de tarjetas para notas vendieron?

A. 68 cajas de tarjetas para notas
B. 72 cajas de tarjetas para notas
C. 69 cajas de tarjetas para notas
D. 71 cajas de tarjetas para notas
E. 82 cajas de tarjetas para notas

9. Cuatro adolescentes compraron un auto usado por 1250 dólares. Gastaron 575 dólares en refacciones para repararlo. Los chicos vendieron el auto reparado y reconstruido por 4,605 dólares. Los chicos estuvieron de acuerdo en dividir las ganancias de la venta a partes iguales. ¿Cuánto recibió cada chico?

A. 1825 dólares **C.** 695 dólares **E.** 780 dólares
B. 2780 dólares **D.** 525 dólares

10. Diez equipos participarán en un torneo de softbol. Cada equipo en la liga debe jugar con todos los otros equipos una vez y sólo una vez. ¿Cuántos juegos se jugarán en el torneo?

A. 45 juegos **C.** 28 juegos **E.** 10 juegos
B. 36 juegos **D.** 21 juegos

RESPUESTAS

1. E. 3 pollos y 5 puercos
2. A. 30 personas
3. B. el noveno año
4. D. 8 dólares
5. A. 33 jugadores
6. C. 710 dólares
7. E. 26 dólares
8. B. 72 cajas de tarjetas para notas
9. C. 695 dólares
10. A. 45 juegos

CALIFICACIÓN

Otorga 16.5 puntos por cada respuesta correcta.

165 Genio
148-132 Inteligencia Dotada o Superior
115 Inteligencia Superior a lo Normal
99 Inteligencia Promedio
83 Inteligencia Abajo del Promedio
70 o menos Inteligencia Muy Baja

CAPÍTULO 3

SINÓNIMOS, ANTÓNIMOS O NINGUNO DE ELLOS

La controversia de la prueba de IQ

Cuando la prueba de IQ se convirtió en parte estándar de la sociedad estadunidense (no sólo se utilizaba para los niños de escuela sino que también la utilizaban los empleadores para medir la idoneidad de los posibles empleados) empezó a surgir algo que algunos investigadores además de la gente de la calle encontraron inquietante. Negros e hispanos que hacían la prueba de IQ solían sacar calificaciones más bajas que los blancos. Los pudientes sacaban mejores calificaciones que los pobres. Y los estadunidenses asiáticos solían sacar calificaciones más altas que cualquier otro grupo racial.

En la década de 1970, los críticos culparon a los diseñadores de la prueba de IQ por formular preguntas que reflejaban la clase media y blanca de Estados Unidos. Por ejemplo, se pedía a un niño que completara la frase "taza y…": Se asumía que la respuesta correcta era "platito". Pero si el niño creció en una casa donde la familia no tenía platitos o no los empleaba, ¿no sería válida e igual de correcta la respuesta "mesa" del niño?

Como resultado, psicólogos, genetistas, científicos sociales y otros expertos en el campo de la inteligencia humana empezaron a debatir si los factores ambientales (dónde vivía quien tomaba la prueba y cómo lo habían criado) tenían impacto en las calificaciones de IQ. Y si estos factores tenían impacto, ¿en qué medida? Aunque las pruebas de IQ se siguen haciendo a los niños, continúa el debate respecto al tipo de preguntas que aparecen en la prueba y la exactitud de las calificaciones.

Sinónimos, antónimos o ninguno de ellos I

1. *Próspero* y *diáfano* son
   A. sinónimos
   B. antónimos
   C. ninguno

2. *Narcisista* y *vano* son
   A. sinónimos
   B. antónimos
   C. ninguno

3. *Famélico* y *mirlo* son
   A. sinónimos
   B. antónimos
   C. ninguno

4. *Ignominioso* y *oprobioso* son
   A. sinónimos
   B. antónimos
   C. ninguno

5. *Pálido* y *rubicundo* son
   A. sinónimos
   B. antónimos
   C. ninguno

6 *Viril* y *virulento* son
A. sinónimos
B. antónimos
C. ninguno

7 *Prometido* y *comprometido* son
A. sinónimos
B. antónimos
C. ninguno

8 *Descaro* y *frontal* son
A. sinónimos
B. antónimos
C. ninguno

9 *Notable* y *significativo* son
A. sinónimos
B. antónimos
C. ninguno

10 *Poroso* y *empobrecido* son
A. sinónimos
B. antónimos
C. ninguno

RESPUESTAS

① C. ninguno

② A. sinónimos

③ C. ninguno

④ A. sinónimos

⑤ B. antónimos

⑥ C. ninguno

⑦ A. sinónimos

⑧ C. ninguno

⑨ A. sinónimos

⑩ C. ninguno

CALIFICACIÓN

Otorga 16.5 puntos por cada respuesta correcta.

165 Genio
148-132 Inteligencia Dotada o Superior
115 Inteligencia Superior a lo Normal
99 Inteligencia Promedio
83 Inteligencia Abajo del Promedio
70 o menos Inteligencia Muy Baja

Sinónimos, antónimos o ninguno de ellos II

1. *Rígido* y *cuero* son
   A. sinónimos
   B. antónimos
   C. ninguno

2. *Ciénega* y *barrizal* son
   A. sinónimos
   B. antónimos
   C. ninguno

3. *Desagradable* y *atractivo* son
   A. sinónimos
   B. antónimos
   C. ninguno

4. *Viñeta* y *vinagre* son
   A. sinónimos
   B. antónimos
   C. ninguno

5. *Chuchería* y *tesoro* son
   A. sinónimos
   B. antónimos
   C. ninguno

6 *Gigoló* y *flauta* son
A. sinónimos
B. antónimos
C. ninguno

7 *Didáctico* y *moralizador* son
A. sinónimos
B. antónimos
C. ninguno

8 *Heraldo* y *mensajero* son
A. sinónimos
B. antónimos
C. ninguno

9 *Nepotismo* y *despotismo* son
A. sinónimos
B. antónimos
C. ninguno

10 *Nadir* y *clímax* son
A. sinónimos
B. antónimos
C. ninguno

RESPUESTAS

1. C. ninguno
2. A. sinónimos
3. B. antónimos
4. C. ninguno
5. B. antónimos
6. C. ninguno
7. A. sinónimos
8. A. sinónimos
9. C. ninguno
10. B. antónimos

CALIFICACIÓN

Otorga 16.5 puntos por cada respuesta correcta.

165 Genio
148-132 Inteligencia Dotada o Superior
115 Inteligencia Superior a lo Normal
99 Inteligencia Promedio
83 Inteligencia Abajo del Promedio
70 o menos Inteligencia Muy Baja

Sinónimos, antónimos o ninguno de ellos III

1. *Flagelo* y *fastidio* son
   A. sinónimos
   B. antónimos
   C. ninguno

2. *Lacrimoso* y *jovial* son
   A. sinónimos
   B. antónimos
   C. ninguno

3. *Polarizar* y *dividir* son
   A. sinónimos
   B. antónimos
   C. ninguno

4. *Vasallo* y *maceta* son
   A. sinónimos
   B. antónimos
   C. ninguno

5. *Camarilla* y *facción* son
   A. sinónimos
   B. antónimos
   C. ninguno

6. *Virtuoso* y *santo* son
   A. sinónimos
   B. antónimos
   C. ninguno

7. *Fortaleza* y *debilidad* son
   A. sinónimos
   B. antónimos
   C. ninguno

8. *Charlatán* y *farsante* son
   A. sinónimos
   B. antónimos
   C. ninguno

9. *Risible* y *solemne* son
   A. sinónimos
   B. antónimos
   C. ninguno

10. *Distinguido* y *ordinario* son
    A. sinónimos
    B. antónimos
    C. ninguno

RESPUESTAS

1. A. sinónimos
2. B. antónimos
3. A. sinónimos
4. C. ninguno
5. A. sinónimos
6. C. ninguno
7. B. antónimos
8. A. sinónimos
9. B. antónimos
10. B. antónimos

CALIFICACIÓN

Otorga 16.5 puntos por cada respuesta correcta.

165 Genio
148-132 Inteligencia Dotada o Superior
115 Inteligencia Superior a lo Normal
99 Inteligencia Promedio
83 Inteligencia Abajo del Promedio
70 o menos Inteligencia Muy Baja

Sinónimos, antónimos o ninguno de ellos IV

1 *Enclaustrar* y *liberar* son
A. sinónimos
B. antónimos
C. ninguno

2. *Diáfano* y *transparente* son
   A. sinónimos
   B. antónimos
   C. ninguno

3. *Torpe* y *habilidoso* son
   A. sinónimos
   B. antónimos
   C. ninguno

4. *Salubre* y *cursi* son
   A. sinónimos
   B. antónimos
   C. ninguno

5. *Traumático* y *jubiloso* son
   A. sinónimos
   B. antónimos
   C. ninguno

6. *Impulsivo* y *complicado* son
   A. sinónimos
   B. antónimos
   C. ninguno

7. *Portentoso* y *significativo* son
   A. sinónimos
   B. antónimos
   C. ninguno

8. *Meticuloso* y *chapucero* son
   A. sinónimos
   B. antónimos
   C. ninguno

9. *Némesis* y *archienemigo* son
   A. sinónimos
   B. antónimos
   C. ninguno

10. *Pantagruélico* y *enjuague* son
   A. sinónimos
   B. antónimos
   C. ninguno

RESPUESTAS

① B. antónimos

② A. sinónimos

③ B. antónimos

④ C. ninguno

⑤ B. antónimos

⑥ C. ninguno

⑦ A. sinónimos

⑧ B. antónimos

⑨ A. sinónimos

⑩ C. ninguno

CALIFICACIÓN

Otorga 16.5 puntos por cada respuesta correcta.

165 Genio
148-132 Inteligencia Dotada o Superior
115 Inteligencia Superior a lo Normal
99 Inteligencia Promedio
83 Inteligencia Abajo del Promedio
70 o menos Inteligencia Muy Baja

Sinónimos, antónimos o ninguno de ellos V

1. *Apogeo* y *cosecha* son
   A. sinónimos
   B. antónimos
   C. ninguno

2. *Prolijo* y *redundante* son
   A. sinónimos
   B. antónimos
   C. ninguno

3. *Felicidad* y *ventura* son
   A. sinónimos
   B. antónimos
   C. ninguno

4 *Quincena* y *barricada* son
A. sinónimos
B. antónimos
C. ninguno

5 *Perspicacia* e *insensatez* son
A. sinónimos
B. antónimos
C. ninguno

6 *Lacayo* y *señor* son
A. sinónimos
B. antónimos
C. ninguno

7 *Relación* y *affaire* son
A. sinónimos
B. antónimos
C. ninguno

8 *Apócrifo* y *ficticio* son
A. sinónimos
B. antónimos
C. ninguno

9 *Adulador* y *arrogante* son
A. sinónimos
B. antónimos
C. ninguno

⑩ *Patricio* y *aristócrata* son
A. sinónimos
B. antónimos
C. ninguno

RESPUESTAS

① C. ninguno

② A. sinónimos

③ A. sinónimos

④ C. ninguno

⑤ B. antónimos

⑥ B. antónimos

⑦ A. sinónimos

⑧ A. sinónimos

⑨ B. antónimos

⑩ A. sinónimos

CALIFICACIÓN

Otorga 16.5 puntos por cada respuesta correcta.

165 Genio
148-132 Inteligencia Dotada o Superior
115 Inteligencia Superior a lo Normal
99 Inteligencia Promedio
83 Inteligencia Abajo del Promedio
70 o menos Inteligencia Muy Baja

CAPÍTULO 4

PON A PRUEBA TU VOCABULARIO

Calificaciones de IQ de personas históricas

¿Cuál era la calificación de IQ de Galileo? ¿O de Abraham Lincoln? ¿O la antigua filósofa y matemática Hipatia? Parece una pregunta engañosa, ya que la prueba de IQ no existía cuando vivieron estas famosas personas. Sin embargo, en la década de 1920, Catherine Cox Miles, psicóloga estadunidense, empezó a estudiar las historias del desarrollo de 100 genios. Identificó 67 características del carácter que se convirtieron en su base para calcular el IQ.

En la década de 1990, Tony Buzan, un experto inglés en inteligencia y aprendizaje acelerado, confirmó el trabajo de Cox Miles, y añadió el IQ de varios genios más a la lista y en algunos casos dio nuevas calificaciones a los genios de la lista de Cox Miles. Lo que está a continuación es una muestra de los estudios de Cox Miles y Buzan.

Shakespeare 210 (Buzan)
Sir Isaac Newton 190 (Buzan 195)
Leonardo da Vinci 180 (Buzan 220)
Marie Curie 180 (Buzan)
George Friedrich Handel 170
Hipatia 170 (Buzan 210)
Galileo Galilei 165
Charlotte Brontë 165
Wolfgang Amadeus Mozart 165
Albert Einstein 160 (205 Buzan)
Benjamin Franklin 160 (Buzan 185)
Thomas Jefferson 160
Charles Darwin 153
George Eliot (Mary Ann Evans) 150 (Buzan 180)
Abraham Lincoln 150
George Washington 140
Ulysses S. Grant 130

Pon a prueba tu vocabulario I

1. Algo que se dice es *tóxico* es
   A. irritante
   B. venenoso
   C. ruidoso
   D. aceitoso
   E. redondo

2. Un *ágape* es
   A. comida
   B. repetición instantánea
   C. evento histórico
   D. siesta
   E. rifle de repetición

3. Un niño *vocinglero* es
   A. obeso
   B. sufre de faringitis
   C. desafiante
   D. pequeño para su edad
   E. atlético

4. Una persona *itinerante*
   A. vaga de lugar en lugar
   B. tiene poco lapso de atención
   C. está mal educada
   D. pide cambio
   E. no puede conservar un trabajo

5 *Amoscarse* es
A. robar
B. sentirse ofendido
C. probar una muestra
D. encontrar un punto sombreado
E. descansar

6 *Jerarca* es un
A. paracaidista
B. obispo
C. alfabeto antiguo
D. constructor de puentes
E. snob

7 Alguien que es *dipsómano*
A. bebe demasiado alcohol
B. babea
C. le gusta la lechuga
D. actúa atolondradamente
E. es mal bailarín

8 Un campo *fecundo* está
A. pudriéndose
B. estéril
C. lleno de hierbas
D. lleno de maleza
E. fértil

9 Actuar con *aplomo* es ser

A. tímido
B. ruidoso
C. nervioso
D. seguro de sí mismo
E. cohibido

10 Un *misántropo*

A. odia a la gente
B. causa dolor de garganta
C. es un antílope hembra
D. es una ecuación matemática
E. estudia las estrellas

RESPUESTAS

1. B. venenoso
2. A. comida
3. C. desafiante
4. A. vaga de lugar en lugar
5. B. sentirse ofendido
6. B. obispo
7. A. bebe demasiado alcohol
8. E. fértil
9. D. seguro de sí mismo
10. A. odia a la gente

CALIFICACIÓN

Otorga 16.5 puntos por cada respuesta correcta.

165 Genio
148-132 Inteligencia Dotada o Superior
115 Inteligencia Superior a lo Normal
99 Inteligencia Promedio
83 Inteligencia Abajo del Promedio
70 o menos Inteligencia Muy Baja

Pon a prueba tu vocabulario II

1. Un *augurio* es
   A. establo
   B. herramienta para carpintería
   C. predicción
   D. orador famoso
   E. hierba

2. Ser *incapaz* es ser
   A. incompetente o carecer de iniciativa
   B. sin cabello
   C. desafortunado
   D. estéril
   E. desalentado

3. Algo descrito como *chabacano* es
   A. inmoral
   B. descompuesto
   C. seco
   D. barato u ordinario
   E. pobre

4. Un *patán* es un
   A. jabalí
   B. cerdo doméstico macho
   C. persona sin modales
   D. pequeño hoyo en la tela
   E. colono sudafricano

5. *Estipular* es
   A. rociar
   B. cubrir con puntos
   C. beber demasiado
   D. estar retrasado
   E. especificar

6. Una tela descrita como *diáfana* es
   A. como ave
   B. delgada y transparente
   C. con plumas
   D. densa
   E. incómoda

7 Tener *inclinación* es

A. tener tendencia o afición
B. prescindir
C. escribir bien
D. pensar con cuidado
E. soñar

8 *Tallar* es

A. dedicar un libro a alguien
B. coser
C. ordenar recortes para un álbum de recortes
D. esculpir o recortar una superficie, como la de una piedra
E. adornar con joyas

9 Una *finta* es un

A. desmayo
B. falsificación
C. mentira
D. mascarada
E. aparentar un ataque

10 *Habituado* es

A. que lo entierren vivo
B. estar acostumbrado o endurecido al sufrimiento o el dolor
C. estar cubierto por una póliza de seguro
D. sufrir una lesión grave
E. que lo acusen falsamente

RESPUESTAS

1. C. predicción
2. A. incompetente o carecer de iniciativa
3. D. barato u ordinario
4. C. persona sin modales
5. E. especificar
6. B. delgada y transparente
7. A. tener tendencia o afición
8. D. esculpir o recortar una superficie, como la de una piedra
9. E. aparentar un ataque
10. B. estar acostumbrado o endurecido al sufrimiento o el dolor

CALIFICACIÓN

Otorga 16.5 puntos por cada respuesta correcta.

165 Genio
148-132 Inteligencia Dotada o Superior
115 Inteligencia Superior a lo Normal
99 Inteligencia Promedio
83 Inteligencia Abajo del Promedio
70 o menos Inteligencia Muy Baja

Pon a prueba tu vocabulario III

1. Una persona descrita como *ardiente* es
   - **A.** entrometida
   - **B.** fogosa
   - **C.** terca
   - **D.** tacaña
   - **E.** bien parecida

2. Ser *fatuo* es
   - **A.** ser un niño irreflexivo
   - **B.** ser una mujer cauta
   - **C.** ser una joven romántica
   - **D.** ser un hombre o mujer de edad avanzada, sabio
   - **E.** ser hombre preocupado en exceso por ropa y accesorios de moda

3. *Resbalón* es
   - **A.** Un tipo de balón
   - **B.** gancho de metal filoso
   - **C.** expresión coloquial para padre
   - **D.** error o indiscreción
   - **E.** tipo de ajo

4. Ser objeto de *oprobio* es
   A. ser admirado
   B. ser imitado
   C. ser tratado con burla o desprecio
   D. sr tratado como igual
   E. ser lento o tardo

5. *Yacente* es
   A. recostarse
   B. genuflexión
   C. sentarse erguido
   D. hacer una reverencia
   E. despatarrarse en una silla

6. *Irremisible* es
   A. comprometido para casarse
   B. imperdonable
   C. estar involucrado románticamente con la esposa de otro
   D. tener talento artístico
   E. ser compasivo

7. Algo descrito como *rúnico* es
   A. caer
   B. rápido o veloz
   C. antiguo
   D. deformado
   E. misterioso o mágico

8. Una enfermedad descrita como *crónica* es
   A. incurable
   B. persistente o de larga duración
   C. fatal
   D. imaginaria
   E. contagiosa

9. Ser *discernidor* es
   A. ser perceptivo
   B. ser desconsiderado
   C. estar confuso
   D. ser descuidado
   E. ser parcial

10. Una persona descrita como *procaz* es
   A. chaparra
   B. corpulenta
   C. desvergonzada
   D. inmadura
   E. sin atractivo físico

RESPUESTAS

① B. fogosa

② E. ser hombre preocupado en exceso por ropa y accesorios de moda

③ D. error o indiscreción

④ C. ser tratado con burla o desprecio

⑤ A. recostarse

⑥ B. imperdonable

⑦ E. misterioso o mágico

⑧ B. persistente o de larga duración

⑨ A. ser perceptivo

⑩ C. desvergonzada

CALIFICACIÓN

Otorga 16.5 puntos por cada respuesta correcta.

165 Genio
148-132 Inteligencia Dotada o Superior
115 Inteligencia Superior a lo Normal
99 Inteligencia Promedio
83 Inteligencia Abajo del Promedio
70 o menos Inteligencia Muy Baja

Pon a prueba tu vocabulario IV

1. Un *demagogo* es
   A. partidario de la democracia
   B. un pomposo maestro de escuela
   C. un sensible sistema de audio
   D. líder político que apela a los temores de los ciudadanos
   E. un activista comunitario

2 *Interregno* es

A. periodo entre dos reinos o gobiernos
B. la corona imperial
C. funcionario unido a la corte de un monarca
D. la corte
E. embajador

3 Una persona que se dice posee *destreza* es

A. diestra
B. conservadora en lo político y lo social
C. hábil con las manos
D. inquebrantable en sus opiniones
E. una oradora pública popular

4 Un *cuentista* es

A. un animal nocturno
B. ladrón de viviendas
C. chef francés
D. gánster
E. narrador talentoso

5 Ser *solícito* con otra persona es

A. representarla en el tribunal
B. solicitar un favor
C. rogar una limosna
D. ser considerado y expresar preocupación
E. ser crítico

6. *Coaccionar* a otros es
   - **A.** insultarlos o denigrarlos
   - **B.** obligarlos a hacer algo que no desean hacer
   - **C.** exigir el pago de una deuda
   - **D.** cooperar con ellos
   - **E.** alabarlos

7. Algo descrito como *inicuo* es
   - **A.** malo
   - **B.** torpe
   - **C.** sabio
   - **D.** indiscreto
   - **E.** sin equilibrio

8. Un *sombrerero*
   - **A.** muele granos
   - **B.** remienda ropa
   - **C.** cultiva mijo
   - **D.** corre maratones
   - **E.** hace sombreros

9. Alguien descrito como *atildado* es
   - **A.** amistoso y extrovertido
   - **B.** joven y bien parecido
   - **C.** amable y generoso
   - **D.** aseado y bien vestido
   - **E.** cortés y elocuente

⑩ Algo que se dice está *ocluido* es

A. incapaz de ver
B. anticuado e inútil
C. impedido de avanzar
D. difícil de comprender
E. tiene mucha neblina

RESPUESTAS

① D. líder político que apela a los temores de los ciudadanos

② A. periodo entre dos reinos o gobiernos

③ C. hábil con las manos

④ E. narrador talentoso

⑤ D. ser considerado y expresar preocupación

⑥ B. obligarlos a hacer algo que no desean hacer

⑦ A. malo

⑧ E. hace sombreros

⑨ D. aseado y bien vestido

⑩ C. impedido de avanzar

CALIFICACIÓN

Otorga 16.5 puntos por cada respuesta correcta.

165 Genio
148-132 Inteligencia Dotada o Superior
115 Inteligencia Superior a lo Normal
99 Inteligencia Promedio
83 Inteligencia Abajo del Promedio
70 o menos Inteligencia Muy Baja

Pon a prueba tu vocabulario V

1. Ser *avaricioso* es
   A. esforzarse por tener éxito
   B. desear dinero
   C. amar a las aves
   D. ser generoso
   E. ser orgulloso en exceso

2. Un periodo o lugar descrito como *idílico* es
   A. aterradoramente desconocido
   B. mítico
   C. exótico
   D. aristocrático
   E. feliz y pacífico

3. Ser *irascible* es
   - **A.** ser algo para reír
   - **B.** disfrutar rascando
   - **C.** ser irritable
   - **D.** ser confiable
   - **E.** ser exacto

4. Alguien descrito como *sensiblero* es
   - **A.** de cara rubicunda
   - **B.** hipócrita
   - **C.** afectuoso con los niños
   - **D.** sentimental hasta el punto de llorar
   - **E.** arrogante

5. Un objeto *engorroso* es
   - **A.** de color anaranjado
   - **B.** fragante y atractivo
   - **C.** voluminoso y difícil de mover o cargar
   - **D.** con una posición ideal
   - **E.** desagradable

6. Una persona *descarada* es
   - **A.** orgullosa y engreída
   - **B.** presuntuosa y osada
   - **C.** adelantada a su tiempo
   - **D.** reflexiva y considerada
   - **E.** imaginativa

7 Una *quincena* es un periodo de
A. catorce días
B. cuarenta días
C. cuatro horas
D. catorce minutos
E. cuarenta años

8 Estar *supino* es
A. sorber sopa
B. sacar líquido con sifón
C. llegar tarde a la cena
D. inclinarse
E. estar recostado de espaldas

9 Un *judas* es
A. adolescente
B. caballero en una búsqueda
C. traidor
D. agente secreto
E. alguien que hace una prueba

10 Alguien que describen como *macilento* es
A. extraordinariamente atractivo
B. excesivamente delgado, incluso en forma peligrosa
C. más alto que el promedio
D. liberado de la esclavitud
E. de edad avanzada y enfermizo

RESPUESTAS

1. B. desear dinero
2. E. feliz y pacífico
3. C. ser irritable
4. D. sentimental hasta el punto de llorar
5. C. voluminoso y difícil de mover o cargar
6. B. presuntuosa y osada
7. A. dos semanas o catorce días
8. E. estar recostado de espaldas
9. C. traidor
10. B. excesivamente delgado, incluso en forma peligrosa

CALIFICACIÓN

Otorga 16.5 puntos por cada respuesta correcta.

165 Genio
148-132 Inteligencia Dotada o Superior
115 Inteligencia Superior a lo Normal
99 Inteligencia Promedio
83 Inteligencia Abajo del Promedio
70 o menos Inteligencia Muy Baja

CAPÍTULO 5

RECONOCIMIENTO DE PATRONES

Calificaciones de IQ de personas famosas contemporáneas

Casi todos los que nacieron en la segunda mitad del siglo XX hicieron una prueba de IQ, de manera que es mucho más fácil conocer sus calificaciones que las calificaciones de personas del pasado distante.

Gary Kasparov, campeón de ajedrez, 190

Bobby Fisher, campeón de ajedrez, 187

Benjamin Netanyahu, primer ministro de Israel, 180

Bill Gates, fundador de Microsoft, 160

Reggie Jackson, jugador de beisbol profesional, 160

Richard Nixon, ex presidente de Estados Unidos, 143

Hillary Clinton, Secretaria de Estado y anterior Primera Dama de Estados Unidos, 140

Bill Clinton, ex presidente de Estados Unidos, 137

George W. Bush, ex presidente de Estados Unidos, 125

Gerald Ford, ex presidente de Estados Unidos, 121

Reconocimiento de patrones I

En cada uno de los siguientes grupos de palabras, elige la palabra que no es como las otras.

1. **A.** novela
   B. poema
   C. pintura
   D. flor
   E. escultura

2. **A.** rábano
   B. jitomate
   C. pera
   D. manzana
   E. naranja

3. **A.** picadora
   B. cuchillo
   C. navaja
   D. sierra de cadena
   E. rallador

4. **A.** garza
   B. cisne
   C. pingüino
   D. pato
   E. ganso

5. **A.** euro
   B. dólar
   C. diamante
   D. libra
   E. franco

6. **A.** camión
   B. taxi
   C. tren
   D. metro
   E. monorriel

7. **A.** león
   B. tigre
   C. puma
   D. león de montaña
   E. oso

8. **A.** azul
   B. cobalto
   C. esmeralda
   D. azul marino
   E. zafiro

9. **A.** malvec
B. chardonnay
C. burgundy
D. shiraz
E. pilsen

10. **A.** gamuza
B. gabardina
C. percal
D. sarga
E. mezclilla

RESPUESTAS

① D. flor

② A. rábano

③ E. rallador

④ A. garza

⑤ C. diamante

⑥ B. taxi

⑦ E. oso

⑧ C. esmeralda

⑨ E. pilsen

⑩ A. gamuza

CALIFICACIÓN

Otorga 16.5 puntos por cada respuesta correcta.

165 Genio
148-132 Inteligencia Dotada o Superior
115 Inteligencia Superior a lo Normal
99 Inteligencia Promedio
83 Inteligencia Abajo del Promedio
70 o menos Inteligencia Muy Baja

Reconocimiento de patrones II

En cada uno de los siguientes grupos de palabras, elige la palabra que no es como las otras.

1. **A.** diccionario
   B. atlas
   C. almanaque
   D. enciclopedia
   E. memorias

2. **A.** copa
   B. pinta
   C. fanega
   D. cuñete
   E. tonel

3. **A.** valor
   B. seguridad
   C. perseverancia
   D. fortaleza
   E. paciencia

4. **A.** trama
   B. tabla de contenido
   C. índice
   D. capítulo
   E. cubierta

5. **A.** camote
   B. pepino
   C. papa
   D. aguaturma
   E. chalote

6. **A.** ballena
   B. delfín
   C. marsopa
   D. atún
   E. foca

7. **A.** brecha
   B. rotura
   C. broche
   D. fisura
   E. grieta

8. **A.** conductor
   B. autor
   C. bailarina
   D. grabador
   E. contratista

9. **A.** habilidad para los números
   B. conjunto vacío
   C. coseno
   D. radio
   E. matriz

10. **A.** excavación
    B. fragmento de cerámica
    C. estratósfera
    D. yacimiento
    E. en su lugar original

RESPUESTAS

①	E. memorias	⑥	D. atún
②	C. fanega	⑦	C. broche
③	B. seguridad	⑧	E. contratista
④	A. trama	⑨	A. habilidad para los números
⑤	B. pepino	⑩	C. estratósfera

CALIFICACIÓN

Otorga 16.5 puntos por cada respuesta correcta.

165 Genio
148-132 Inteligencia Dotada o Superior
115 Inteligencia Superior a lo Normal
99 Inteligencia Promedio
83 Inteligencia Abajo del Promedio
70 o menos Inteligencia Muy Baja

Reconocimiento de patrones III

1. **A.** aceite de semilla de uva
   B. sábila
   C. lanolina
   D. glicerina
   E. astringente

2. **A.** estambre
   B. pétalo
   C. tallo
   D. tanino
   E. estigma

3. **A.** cobardía
   B. ansiedad
   C. celos
   D. rapacidad
   E. vanidad

4. **A.** panegírico
   B. aleluya
   C. haikú
   D. soneto
   E. epopeya

5. **A.** equilátero
   B. isósceles
   C. obtuso
   D. agudo
   E. hipotenusa

6. **A.** polenta
   B. trigo emmer
   C. cebada
   D. quinua
   E. trigo

7. **A.** préstamo amortizable
   B. tasa fija
   C. tasa ajustable
   D. revocación
   E. revelación obligatoria

8. **A.** encarnado
   B. cian
   C. fucsia
   D. magenta
   E. rosa

9. **A.** punzón
   B. tijeras para tela
   C. sesgo
   D. maniquí
   E. descosedor

10. **A.** repeler
    B. replicar
    C. oponer
    D. resistir
    E. capear

RESPUESTAS

1. E. astringente
2. D. tanino
3. B. ansiedad
4. A. panegírico
5. E. hipotenusa
6. A. polenta
7. E. revelación obligatoria
8. B. cian
9. C. sesgo
10. B. replicar

CALIFICACIÓN

Otorga 16.5 puntos por cada respuesta correcta.

165 Genio
148-132 Inteligencia Dotada o Superior
115 Inteligencia Superior a lo Normal
99 Inteligencia Promedio
83 Inteligencia Abajo del Promedio
70 o menos Inteligencia Muy Baja

Reconocimiento de patrones IV

1. **A.** bufonesco
   B. frívolo
   C. proeza
   D. excéntrico
   E. entretenido

2. **A.** epistolar
   B. novelas edificantes
   C. novelas en entregas
   D. gótico
   E. parodia

3. **A.** festivales
   B. hábitos
   C. costumbres
   D. tradiciones
   E. prácticas

4. **A.** globo
   B. esfera
   C. orbe
   D. rotonda
   E. bola

5. **A.** bracamarte
   B. cimitarra
   C. gladio
   D. florete
   E. estilete

6. **A.** apto
   B. absorto
   C. pertinente
   D. apropiado
   E. idóneo

7. **A.** lila
   B. cárdeno
   C. lavanda
   D. bermellón
   E. violeta

8. **A.** intransigente
   B. inflexible
   C. intolerable
   D. firme
   E. obcecado

9. **A.** cubista
   B. bodegón
   C. paisaje
   D. género
   E. retrato

10. **A.** gurú
    B. místico
    C. chamán
    D. yeti
    E. sabio

RESPUESTAS

① C. proeza

② E. parodia

③ A. festivales

④ D. rotonda

⑤ E. estilete

⑥ B. absorto

⑦ D. bermellón

⑧ C. intolerable

⑨ A. cubista

⑩ D. yeti

CALIFICACIÓN

Otorga 16.5 puntos por cada respuesta correcta.

165 Genio
148-132 Inteligencia Dotada o Superior
115 Inteligencia Superior a lo Normal
99 Inteligencia Promedio
83 Inteligencia Abajo del Promedio
70 o menos Inteligencia Muy Baja

Reconocimiento de patrones V

1
A. tarde
B. coctel
C. graduación
D. dama de honor
E. clásico

2
A. sirviente
B. jardinero
C. mayordomo
D. ayuda de cámara
E. criado

3. **A.** vilipendiar
B. reprender
C. censurar
D. criticar
E. exculpar

4. **A.** explanada
B. plaza
C. cubo
D. piazza
E. cuadrángulo

5. **A.** bifurcación
B. cruce
C. intersección
D. encrucijada
E. desviación

6. **A.** genio
B. música
C. inspiración
D. motivación
E. estimulación

7. **A.** cerceta
B. limón
C. mostaza
D. azafrán
E. oro

8. **A.** adolescente
B. nene
C. joven
D. chaval
E. imberbe

9. **A.** souvenir
B. recuerdo
C. recordatorio de muerte
D. dije
E. chuchería

10. **A.** referencias
B. préstamo
C. estantes
D. nártex
E. sala de revistas

RESPUESTAS

① E. clásico
② B. jardinero
③ E. exculpar
④ C. cubo
⑤ E. desviación
⑥ A. genio
⑦ A. cerceta
⑧ B. nene
⑨ C. recordatorio de muerte
⑩ D. nártex

CALIFICACIÓN

Otorga 16.5 puntos por cada respuesta correcta.

165 Genio
148-132 Inteligencia Dotada o Superior
115 Inteligencia Superior a lo Normal
99 Inteligencia Promedio
83 Inteligencia Abajo del Promedio
70 o menos Inteligencia Muy Baja

CAPÍTULO 6

COMPLETA LAS LETRAS FALTANTES

Calificaciones de IQ de Hollywood

Existe la percepción común de que cuando se trata de logros intelectuales, los actores de Hollywood abarcan toda la gama que va de tontos a muy tontos. Es una caracterización injusta. Por ejemplo, la belleza que quita el aliento, Hedy Lamarr, también era increíblemente inteligente… fue la coinventora de una técnica de amplio espectro empleada en comunicación inalámbrica. Por supuesto, no todos en Hollywood alcanzan ese nivel de brillantez, pero existe una gran cantidad de actores y actrices muy inteligentes.

James Wood, 180

Judy Holliday, 172

Dolph Lundgren, 160

Quentin Tarantino, 160

Sharon Stone, 154

Jayne Mansfield, 149

Steve Martin, 142

Geena Davis, 140

Madonna, 140

Shakira, 140

Arnold Schwarzenegger, 135

Jodie Foster, actriz, 132

Nicole Kidman, 132

Completa las letras faltantes I

Agrega las letras faltantes para crear palabras asociadas con la comedia.

1. ___U___LE___QU___
2. F___RS___
3. ___U___O___
4. ___U___O___
5. PA___A___SA___A
6. MO___A___S___
7. ___UFO___AD___
8. BR___M___S
9. C___I___T___
10. ___ÁT___R___

RESPUESTAS

1. BURLESQUE
2. FARSA
3. HUMOR
4. BUFÓN
5. PAYASADA
6. MOFARSE
7. BUFONADA
8. BROMAS
9. CHISTE
10. SÁTIRA

CALIFICACIÓN

Otorga 16.5 puntos por cada respuesta correcta.

165 Genio
148-132 Inteligencia Dotada o Superior
115 Inteligencia Superior a lo Normal
99 Inteligencia Promedio
83 Inteligencia Abajo del Promedio
70 o menos Inteligencia Muy Baja

Completa las letras faltantes II

Agrega las letras faltantes para crear palabras asociadas con el romance.

1. AV___N___UR___
2. ___A___I___N
3. ___FE___T___
4. ___E___OS___ÓN
5. A___O___AN___A
6. CA___I___OS___
7. ___MO___O___O
8. EN___M___RA___O
9. ___EN___I___EN___AL
10. A___DI___N___E

RESPUESTAS

1. AVENTURA
2. PASIÓN
3. AFECTO
4. DEVOCIÓN
5. AÑORANZA
6. CARIÑOSO
7. AMOROSO
8. ENAMORADO
9. SENTIMENTAL
10. ARDIENTE

CALIFICACIÓN

Otorga 16.5 puntos por cada respuesta correcta.

165 Genio
148-132 Inteligencia Dotada o Superior
115 Inteligencia Superior a lo Normal
99 Inteligencia Promedio
83 Inteligencia Abajo del Promedio
70 o menos Inteligencia Muy Baja

Completa las letras faltantes III

Agrega las letras faltantes para crear palabras asociadas con la inocencia.

1. I___E___PE___IENCIA
2. V___R___U___
3. ___U___EZ___
4. I___CO___RU___TO
5. IN___AC___A___LE
6. B___N___A___
7. I___FA___TI___
8. I___GE___U___
9. C___N___ID___
10. CO___FI___D___

RESPUESTAS

1. INEXPERIENCIA
2. VIRTUD
3. PUREZA
4. INCORRUPTO
5. INTACHABLE
6. BONDAD
7. INFANTIL
8. INGENUO
9. CÁNDIDO
10. CONFIADO

CALIFICACIÓN

Otorga 16.5 puntos por cada respuesta correcta.

165 Genio
148-132 Inteligencia Dotada o Superior
115 Inteligencia Superior a lo Normal
99 Inteligencia Promedio
83 Inteligencia Abajo del Promedio
70 o menos Inteligencia Muy Baja

Completa las letras faltantes IV

Agrega las letras faltantes para crear palabras asociadas con el trabajo.

1. E___FO___ZA___SE
2. ___EPE___ITI___O
3. G___ATI___ICA___TE
4. ___AB___RA___
5. VO___AC___Ó___
6. O___UP___CI___N
7. SU___ER___I___OR
8. SA___A___IO
9. ___E___EFI___IOS
10. SIN___I___A___O

RESPUESTAS

1. ESFORZARSE
2. REPETITIVO
3. GRATIFICANTE
4. LABORAR
5. VOCACIÓN
6. OCUPACIÓN
7. SUPERVISOR
8. SALARIO
9. BENEFICIOS
10. SINDICATO

CALIFICACIÓN

Otorga 16.5 puntos por cada respuesta correcta.

165 Genio
148-132 Inteligencia Dotada o Superior
115 Inteligencia Superior a lo Normal
99 Inteligencia Promedio
83 Inteligencia Abajo del Promedio
70 o menos Inteligencia Muy Baja

Completa las letras faltantes V

Agrega las letras faltantes para crear palabras asociadas con el entretenimiento.

1. ___IVE___SI___N
2. T___T___O
3. B___I___E
4. PE___Í___U___A
5. ___EA___RO
6. A___T___A___IÓN
7. P___ES___N___AC___ÓN
8. V___D___V___L
9. A___L___U___O
10. R___S___

RESPUESTAS

1. DIVERSIÓN
2. TEATRO
3. BAILE
4. PELÍCULA
5. TEATRO
6. ACTUACIÓN
7. PRESENTACIÓN
8. VODEVIL
9. APLAUSO
10. RISA

CALIFICACIÓN

Otorga 16.5 puntos por cada respuesta correcta.

165 Genio
148-132 Inteligencia Dotada o Superior
115 Inteligencia Superior a lo Normal
99 Inteligencia Promedio
83 Inteligencia Abajo del Promedio
70 o menos Inteligencia Muy Baja

CAPÍTULO 7

LA PALABRA CORRECTA

Mensa Internacional

¿Has escuchado de Mensa? Es una organización de personas con impresionantes calificaciones de IQ. Para calificar y ser miembro, tu calificación de IQ debe estar en el 2 por ciento superior de la población. En otras palabras, 98 por ciento de las personas que han hecho una prueba de IQ no son elegibles para unirse a Mensa.

Lancelot Ware, estudiante graduado que estudiaba leyes en la universidad de Oxford, y Roland Berrill, abogado australiano que rondaba la universidad a pesar que habían rechazado su solicitud de admisión a Oxford, fundaron la sociedad en 1946. Al principio, llamaron a su sociedad el Club de IQ Alto. El nombre no tenía mucho estilo, así que Ware y Berrill consideraron cambiarlo a Mens, el término latino para mente. Por desgracia, Mens también era el nombre de una revista atrevida para hombres. Así que escogieron Mensa, latín para "mesa", ya que la organización iba a ser una mesa redonda donde no se juzgaría a nadie basados en sus antecedentes o creencias. (Es irónico que Ware y Berrill se enteraran más adelante que en forma coloquial en México y otros países, mensa significa tonta.)

Mensa tiene alrededor de 110 000 miembros en 100 países de todo el globo. Y no todos son neurocirujanos y físicos ganadores del premio Nobel. Por supuesto, existen profesores y científicos que son miembros de Mensa, pero también hay bomberos, músicos, granjeros, policías, conductores de camiones y miembros del ejército.

Este grupo diverso de personas no sólo se sienta a tratar de impresionarse unos a otros con lo inteligentes que son. Tampoco fomenta alguna agenda política, religiosa o social particular. De acuerdo al sitio de Internet de Mensa, la organización está comprometida con tres metas:

1. Identificar y promover la inteligencia en beneficio de la humanidad.
2. Promover la investigación sobre la naturaleza, características y aplicaciones de la inteligencia.
3. Crear un ambiente social que fomente la actividad intelectual de sus socios.

Mensa publica una revista para sus miembros que presenta artículos en una amplia gama de temas. La organización también publica una hoja informativa que destaca los eventos y actividades especiales que pueden ser de interés para los miembros de Mensa. También está la *Revista de Investigación de Mensa*, que se publica para quienes no son miembros, y que aborda la naturaleza de la inteligencia humana.

La palabra correcta I

Identifica la palabra que se ajusta a las definiciones.

1. Una hebra o fibra de material.
   F ____________

2. Ser importante o muy conocido.
   P ____________

3. Algo que significa o representa algo más.
   S ____________

4. Estar contento u optimista.
   A ____________

5. En geometría, una figura con cuatro lados y cuatro ángulos.
   T ____________

6. Un recubrimiento antiadherente que a menudo se emplea para utensilios de cocina.
   T ____________

7. Dinero que cobra un gobierno a sus ciudadanos.
   I ____________

8. Término informal para una taberna, bar o restaurante sucios o de mala fama.
   A ____________

9 Cuadros de pasta llenos, por lo general, con carne y queso.
R ____________

10 Animal de sangre fría que vive en tierra y agua, pero que se reproduce exclusivamente en agua.
A ____________

RESPUESTAS

1. Filamento
2. Prominente
3. Símbolo
4. Alegre
5. Tetrágono
6. Teflón
7. Impuestos
8. Antro
9. Ravioles
10. Anfibio

CALIFICACIÓN

Otorga 16.5 puntos por cada respuesta correcta.

165 Genio
148-132 Inteligencia Dotada o Superior
115 Inteligencia Superior a lo Normal
99 Inteligencia Promedio
83 Inteligencia Abajo del Promedio
70 o menos Inteligencia Muy Baja

La palabra correcta II

Identifica la palabra que se ajusta a las definiciones.

1. Artefacto, restos de un edificio o los restos de alguien o de algo considerado santo.
   R ____________

2. El órgano encerrado en el cráneo que controla el sistema nervioso.
   C ____________

3. Experto que dirige a grupos de visitantes en un destino turístico.
   G ____________

4. Tubérculo o rizoma de donde crece una planta con flores todos los años.
   B ____________

5. Líquido, a menudo espeso, que se sirve para mejorar el sabor de carne, pescado, verduras u otros platillos.
   S ____________

6. Ligero, veleidoso, insustancial.
   F ____________

7. Persona que tiene una condición que hace desafiante realizar tareas comunes de la vida diaria.
   D ____________

8. Mecanismo que se encuentra por lo general en ríos para elevar o bajar barcos.
   E ____________

9. Organismo submarino duro, famoso por sus colores distintivos; a menudo empleado en joyería.
   C ____________

10. Estructura con lados abiertos que a menudo se encuentra en jardines u otros lugares escénicos.
   Q ____________

RESPUESTAS

1. Reliquia
2. Cerebro
3. Guía
4. Bulbo
5. Salsa
6. Frívolo
7. Discapacitado
8. Esclusa
9. Coral
10. Quiosco

CALIFICACIÓN

Otorga 16.5 puntos por cada respuesta correcta.

165 Genio
148-132 Inteligencia Dotada o Superior
115 Inteligencia Superior a lo Normal
99 Inteligencia Promedio
83 Inteligencia Abajo del Promedio
70 o menos Inteligencia Muy Baja

La palabra correcta III

Identifica la palabra que se ajusta a las definiciones.

1. Diplomático que se envía a otra nación para representar los intereses de su nación.
   E ____________

2. Un pliegue en piel o tela.
   A ____________

3. Granos de un tipo de cereal que se hinchan cuando se calientan.
   P ____________

4. Venado de menos de un año de edad.
   C ____________

5. Maquinaria de oficina que destruye documentos.
   T ____________

6. Tubérculo comestible, de cáscara delgada, por lo general de color anaranjado.
   Z ____________

7. Atleta que trabaja en aumentar el tamaño de sus músculos.
   F ____________

8. Falto de sensatez, tonto, fatuo
   I ____________

9. Emoción violenta, por lo general en respuesta a que lo insulten u ofendan a uno.
I ____________

10. Extranjero que se establece en un país nuevo.
I ____________

RESPUESTAS

1. Embajador
2. Arruga
3. Palomitas
4. Cervatillo
5. Trituradora de papel
6. Zanahoria
7. Fisiculturista
8. Insensato
9. Ira
10. Inmigrante

CALIFICACIÓN

Otorga 16.5 puntos por cada respuesta correcta.

165 Genio
148-132 Inteligencia Dotada o Superior
115 Inteligencia Superior a lo Normal
99 Inteligencia Promedio
83 Inteligencia Abajo del Promedio
70 o menos Inteligencia Muy Baja

La palabra correcta IV

Identifica la palabra que se ajusta a las definiciones.

1. Descripción de una herida que supura pus.
   I ____________

2. Criminal involucrado en el crimen organizado.
   M ____________

3. Bebida alcohólica que se hace fermentando uvas.
   V ____________

4. Sacudirse o temblar, a menudo por frío o miedo.
   E ____________

5. El sol y sus planetas, satélites, asteroides, meteoros y cometas.
   S ____________

6. Separarse del asunto de que se trata.
   D ____________

7. Concentración de agua en la atmósfera o en objetos.
   H ____________

8. Virtud que demuestra un juicio sensato para tomar decisiones en asuntos prácticos.
   P ____________

9 Algo letal o fatal.
M ______________

10 Ser amable y atento.
C ______________

RESPUESTAS

1 Infectada.
2 Mafioso
3 Vino
4 Estremecerse
5 Sistema Solar
6 Divagar
7 Humedad
8 Prudencia
9 Mortal
10 Cortés

CALIFICACIÓN

Otorga 16.5 puntos por cada respuesta correcta.

165 Genio
148-132 Inteligencia Dotada o Superior
115 Inteligencia Superior a lo Normal
99 Inteligencia Promedio
83 Inteligencia Abajo del Promedio
70 o menos Inteligencia Muy Baja

La palabra correcta V

Identifica la palabra que se ajusta a las definiciones.

1. Alguien que arregla relaciones románticas con el fin de llevar al matrimonio.
   C ____________

2. Agua en su forma sólida.
   H ____________

3. Área cubierta con densa vegetación tropical.
   J ____________

4. Obra de ficción con trama larga y complicada, que por lo general involucra muchos personajes.
   N ____________

5. Recibir con cortesía a un huésped o visitante.
   B ____________

6. Característica de alguien que soporta un retraso, una larga espera o incluso una forma de sufrimiento sin quejarse.
   P ____________

7. Característico de ser frugal.
   A ____________

8. Ser inteligente y creativo para resolver problemas.
   I ____________

9. Área cercada donde los espectadores observan a los atletas.
   E ____________

10. Medida de la inteligencia de alguien, basada en la calificación de una prueba.
   I ____________

RESPUESTAS

1. Casamentero
2. Hielo
3. Jungla
4. Económico
5. Bienvenida
6. Paciencia
7. Austero
8. Ingenioso
9. Estadio
10. IQ

CALIFICACIÓN

Otorga 16.5 puntos por cada respuesta correcta.

165 Genio
148-132 Inteligencia Dotada o Superior
115 Inteligencia Superior a lo Normal
99 Inteligencia Promedio
83 Inteligencia Abajo del Promedio
70 o menos Inteligencia Muy Baja

CAPÍTULO 8

PARES DE PALABRAS

Miembros famosos de Mensa

Jean Auel es la autora de éxito de las novelas *El clan del oso cavernario, El valle de los caballos* y *Las llanuras del tránsito*.

El libro de Richard Bolles, *¿De qué color es tu paracaídas?*, estuvo en la Lista de Libros más vendidos del *New York Times* durante 228 semanas.

Adrian Cronauer es una personalidad de la radio que se hizo famosa en la película *Buenos días, Vietnam*.

Geena Davis es una actriz ganadora del premio de la Academia que protagonizó *Un equipo muy especial* y *Thelma y Louise*.

Maurice Kanbar inventó y es dueño de Skyy Vodka.

Richard Lederer es un famoso "maestro de los juegos de palabras", ha aparecido a menudo en la Radio Pública de Estados Unidos. Es autor de numerosos libros sobre juegos de palabras.

Harry Milligan es un boxeador que ganó el campeonato nacional amateur de pesos pesados de Estados Unidos en 1983.

Ellen Morphonios es una antigua modelo y reina de belleza que sirve como juez en Florida, donde sus decisiones estrictas le ganaron el apodo "Maximum Morphonios".

Barry Nolan es comentarista del programa de televisión *Hard Copy*.

Donald Petersen fue presidente de Ford Motors Company donde estaba involucrado con el desarrollo del Mustang y del Maverick… dos de los autos más exitosos de Ford.

Julie Peterson es quiropráctica y fue Playmate de Playboy.

Marilyn Vos Savant aparece en el Salón de la Fama Guinness por tener la calificación de IQ registrada más alta del mundo: 228. Escribe la columna "Pregúntele a Marilyn" en la revista *Parade*.

Linda Warwick creó y produjo los muy populares videos Babymugs! Y Toddler TOGS.

Deborah Yates baila con las Radio City Rockettes.

Pares de palabras I

Une una palabra de la columna A con una palabra de la columna B para crear una palabra común compuesta. Por ejemplo, Abre + Carta forma Abrecartas.

	COLUMNA A	COLUMNA B
1	Quita	Araña
2	Agua	Discos
3	Sordo	Cielos
4	Pasa	Sol
5	Tela	Marina
6	Toca	Dientes
7	Paso	Bajo
8	Alti	Tiempo
9	Rasca	Mudo
10	Monda	Doble

RESPUESTAS

1. Quitasol
2. Aguamarina
3. Sordomudo
4. Pasatiempo
5. Telaraña
6. Tocadiscos
7. Pasodoble
8. Altibajo
9. Rascacielos
10. Mondadientes

CALIFICACIÓN

Otorga 16.5 puntos por cada respuesta correcta.

165 Genio
148-132 Inteligencia Dotada o Superior
115 Inteligencia Superior a lo Normal
99 Inteligencia Promedio
83 Inteligencia Abajo del Promedio
70 o menos Inteligencia Muy Baja

Pares de palabras II

Une una palabra de la columna A con una palabra de la columna B para crear una palabra común compuesta. Por ejemplo, Abre + Carta forma Abrecartas.

	COLUMNA A	COLUMNA B
1	Mata	Venta
2	Saca	Pie
3	Compra	Moscas
4	Recti	Rojo
5	Lava	Santo
6	Agri	Sabor
7	Campo	Dulce
8	Peli	Puntas
9	Sin	Vajillas
10	Punta	Líneo

RESPUESTAS

1. Matamoscas
2. Sacapuntas
3. Compraventa
4. Rectilíneo
5. Lavavajillas
6. Agridulce
7. Camposanto
8. Pelirrojo
9. Sinsabor
10. Puntapié

CALIFICACIÓN

Otorga 16.5 puntos por cada respuesta correcta.

165 Genio
148-132 Inteligencia Dotada o Superior
115 Inteligencia Superior a lo Normal
99 Inteligencia Promedio
83 Inteligencia Abajo del Promedio
70 o menos Inteligencia Muy Baja

Pares de palabras III

Une una palabra de la columna A con una palabra de la columna B para crear una palabra común compuesta. Por ejemplo, Abre + Carta forma Abrecartas.

	COLUMNA A	COLUMNA B
1	Balón	Aventurado
2	Punti	Fácil
3	Mal	Flor
4	Bien	Cesto
5	Salta	Humor
6	Coli	Día
7	Monda	Papeles
8	Medio	Agudo
9	Pisa	Montes
10	Abre	Dientes

RESPUESTAS

1. Baloncesto
2. Puntiagudo
3. Malhumor
4. Bienaventurado
5. Saltamontes
6. Coliflor
7. Mondadientes
8. Mediodía
9. Pisapapeles
10. Abrefácil

CALIFICACIÓN

Otorga 16.5 puntos por cada respuesta correcta.

165 Genio
148-132 Inteligencia Dotada o Superior
115 Inteligencia Superior a lo Normal
99 Inteligencia Promedio
83 Inteligencia Abajo del Promedio
70 o menos Inteligencia Muy Baja

Pares de palabras IV

Une una palabra de la columna A con una palabra de la columna B para crear una palabra común compuesta. Por ejemplo, Abre + Carta forma Abrecartas.

	COLUMNA A	COLUMNA B
1	Cumple	Maletas
2	Traba	Fiestas
3	Agua	Dura
4	Porta	Venida
5	Agua	Años
6	Gira	Ardiente
7	Para	Lampiño
8	Barbi	Lenguas
9	Bien	Sol
10	Cara	Choques

RESPUESTAS

1. Cumpleaños
2. Trabalenguas
3. Aguardiente
4. Portamaletas
5. Aguafiestas
6. Girasol
7. Parachoques
8. Barbilampiño
9. Bienvenida
10. Caradura

CALIFICACIÓN

Otorga 16.5 puntos por cada respuesta correcta.

165 Genio
148-132 Inteligencia Dotada o Superior
115 Inteligencia Superior a lo Normal
99 Inteligencia Promedio
83 Inteligencia Abajo del Promedio
70 o menos Inteligencia Muy Baja

Pares de palabras V

Une una palabra de la columna A con una palabra de la columna B para crear una palabra común compuesta. Por ejemplo, Abre + Carta forma Abrecartas.

	COLUMNA A	COLUMNA B
1	Para	Puntas
2	Menos	Mismo
3	Saca	Barros
4	Casca	Lata
5	Asi	Aviones
6	Guarda	Brisas
7	Pela	Junto
8	Ceji	Preciar
9	Porta	Gatos
10	Hoja	Nueces

RESPUESTAS

1. Parabrisas
2. Menospreciar
3. Sacapuntas
4. Cascanueces
5. Asimismo
6. Guardabarros
7. Pelagatos
8. Cejijunto
9. Portaaviones
10. Hojalata

CALIFICACIÓN

Otorga 16.5 puntos por cada respuesta correcta.

165 Genio
148-132 Inteligencia Dotada o Superior
115 Inteligencia Superior a lo Normal
99 Inteligencia Promedio
83 Inteligencia Abajo del Promedio
70 o menos Inteligencia Muy Baja

CAPÍTULO 9

MODISMOS EN ESPAÑOL

Los orígenes de la prueba SAT

Carl Brigham, psicólogo estadunidense, inventó la Prueba de Aptitud Escolástica (SAT por sus siglas en inglés) a finales de la década de 1890 para eliminar un problema común en el departamento de admisiones a las universidades: parcialidad contra los solicitantes basada en raza, grupo étnico, religión o antecedentes económicos. La primera prueba se administró en 1901 a 973 estudiantes. La prueba hacía preguntas muy específicas en temas como inglés, francés, alemán, griego, latín, historia, química y física. Por ejemplo, esta pregunta procede de la sección de latín de la prueba de 1901:

Escriba las reglas para las siguientes construcciones gramaticales e ilustre cada una con una oración en latín:

A. Dos usos del dativo.
B. Los casos empleados para indicar las relaciones de lugar.
C. Los casos empleados con verbos de recordar.
D. El subjuntivo hortatorio (o jusivo).
E. El supino en um.

Para 1926, SAT había evolucionado para ser un examen que ponía a prueba el pensamiento lógico y la comprensión de la lectura más que el conocimiento específico. Todavía era muy difícil… a quienes hacían el examen se les daban sólo 90 minutos para contestar 315 preguntas. SAT ha continuado cambiando con el paso de los años; por ejemplo, en 2005 se hizo más difícil la sección de matemáticas en respuesta al creciente número de participantes que sacaban 800… una calificación perfecta.

Como en la prueba de IQ, SAT tiene su porción de críticos. En California, un estudio descubrió que los estudiantes cuyas familias tenían un ingreso anual de 20 000 dólares o menos sacaban una calificación de 1310 en promedio (de 1600 posibles), mientras que los estudiantes cuyas familias tenían un ingreso de 200 000 dólares o más sacaban un promedio de 1715. Los críticos encontraron evidencia de parcialidad cultural en las preguntas. Por ejemplo, se pedía a los estudiantes completar la analogía: "Corredor es a maratón como remero es a…". La respuesta correcta es "regata", referencia al deporte de tripulaciones. Un estudio descubrió que 53 por ciento de los estudiantes blancos contestaba esa pregunta correctamente, pero sólo 22 por ciento de los estudiantes negros. En respuesta a estas críticas, muchas universidades ya no exigen SAT como parte del proceso de admisión.

Modismos en español I

Las expresiones idiomáticas del español a menudo unen palabras para expresar una sola idea; por ejemplo, *sobar la levita* para comunicar adulación a alguien. Completa la palabra o palabras faltantes en los siguientes modismos.

1. ______________ los tenis
2. taco de ______________
3. pata de ______________
4. ______________ el coco
5. hasta ______________
6. ______________ changuitos
7. meter la ______________
8. ______________ a Lucas
9. pelar ______________
10. verla ______________

RESPUESTAS

1. colgar los tenis
2. taco de ojo
3. pata de perro
4. lavar el coco
5. hasta atrás
6. hacer changuitos
7. meter la cuchara
8. tirar a Lucas
9. pelar gallo
10. verla fea

CALIFICACIÓN

Otorga 16.5 puntos por cada respuesta correcta.

165 Genio
148-132 Inteligencia Dotada o Superior
115 Inteligencia Superior a lo Normal
99 Inteligencia Promedio
83 Inteligencia Abajo del Promedio
70 o menos Inteligencia Muy Baja

Modismos en español II

Las expresiones idiomáticas del español a menudo unen palabras para expresar una sola idea; por ejemplo, *sobar la levita* para comunicar adulación a alguien. Completa la palabra o palabras faltantes en los siguientes modismos.

1. ______________ lata
2. darle al ______________
3. ______________ de cabeza
4. estar en la ______________
5. ______________ como una lombriz
6. prendérsele el ______________
7. quemarse las ______________
8. ______________ el pelo
9. quebrarse a ______________
10. ______________ las pilas

RESPUESTAS

1. dar lata
2. darle al clavo
3. echar de cabeza
4. estar en la luna
5. feliz como una lombriz
6. prendérsele el foco
7. quemarse las pestañas
8. tomar el pelo
9. quebrarse a alguien
10. ponerse las pilas

CALIFICACIÓN

Otorga 16.5 puntos por cada respuesta correcta.

165 Genio
148-132 Inteligencia Dotada o Superior
115 Inteligencia Superior a lo Normal
99 Inteligencia Promedio
83 Inteligencia Abajo del Promedio
70 o menos Inteligencia Muy Baja

Modismos en español III

Las expresiones idiomáticas del español a menudo unen palabras para expresar una sola idea; por ejemplo, *sobar la levita* para comunicar adulación a alguien. Completa la palabra o palabras faltantes en los siguientes modismos.

1. ______________ de hambre
2. hacerla de ______________
3. ______________ ______________ por liebre
4. jalar ______________
5. armado hasta los ______________
6. ______________ del diablo
7. agarrar la ______________
8. bailar con la ______________ ______________
9. el tiempo ______________ ______________
10. poner como ______________

RESPUESTAS

1. muerto de hambre
2. hacerla de tos
3. dar gato por liebre
4. jalar parejo
5. armado hasta los dientes
6. Abogado del diablo
7. agarrar la onda
8. bailar con la más fea
9. el tiempo no perdona
10. poner como camote

CALIFICACIÓN

Otorga 16.5 puntos por cada respuesta correcta.

165 Genio
148-132 Inteligencia Dotada o Superior
115 Inteligencia Superior a lo Normal
99 Inteligencia Promedio
83 Inteligencia Abajo del Promedio
70 o menos Inteligencia Muy Baja

Modismos en español IV

Las expresiones idiomáticas del español a menudo unen palabras para expresar una sola idea; por ejemplo, *sobar la levita* para comunicar adulación a alguien. Completa la palabra o palabras faltantes en los siguientes modismos.

1. borrón y ____________ ____________
2. andarse por las ____________
3. a Chuchita la ____________
4. ____________ por las nubes
5. ____________ un quemón
6. ____________ porras
7. peor es ____________
8. ____________ los trapos sucios
9. sale y ____________
10. caer ____________

RESPUESTAS

1. borrón y cuenta nueva
2. andarse por las ramas
3. a Chuchita la bolsearon
4. andar por las nubes
5. dar un quemón
6. echar porras
7. peor es nada
8. sacar los trapos sucios
9. sale y vale
10. caer gordo

CALIFICACIÓN

Otorga 16.5 puntos por cada respuesta correcta.

165 Genio
148-132 Inteligencia Dotada o Superior
115 Inteligencia Superior a lo Normal
99 Inteligencia Promedio
83 Inteligencia Abajo del Promedio
70 o menos Inteligencia Muy Baja

Modismos en español V

Las expresiones idiomáticas del español a menudo unen palabras para expresar una sola idea; por ejemplo, *sobar la levita* para comunicar adulación a alguien. Completa la palabra o palabras faltantes en los siguientes modismos.

1. tirar la ________________
2. ________________ un cuatro
3. ________________ medirse
4. jarabe de ________________
5. ________________ la pinta
6. cachetear ________________
7. barajarla más ________________
8. A todo ________________
9. sacar ________________ ________________
10. poner los ________________

RESPUESTAS

1. tirar la toalla
2. poner un cuatro
3. no medirse
4. jarabe de pico
5. hacer la pinta
6. cachetear banquetas
7. barajarla más despacio
8. A todo dar
9. sacar canas verdes
10. poner los cuernos

CALIFICACIÓN

Otorga 16.5 puntos por cada respuesta correcta.

165 Genio
148-132 Inteligencia Dotada o Superior
115 Inteligencia Superior a lo Normal
99 Inteligencia Promedio
83 Inteligencia Abajo del Promedio
70 o menos Inteligencia Muy Baja

CAPÍTULO 10

CORRIGE LAS PALABRAS MAL ESCRITAS

Calificaciones de SAT de ricos y famosos

Estas calificaciones de SAT son fáciles de encontrar en Internet, pero nadie puede decir con seguridad si son exactas. Las reproducimos aquí sólo por su valor de entretenimiento.

Paul Allen, cofundador de Microsoft, 1600

Bill Gates, cofundador de Microsoft, 1590

Bill O'Reilly, periodista, autor, comentarista social y político, 1585

James Woods, actor, 1579

Ben Stein, actor, escritor, comentarista político, 1573

Rush Limbaugh, personalidad de radio y comentarista social y político, 1530

Al Gore, ex vicepresidente de Estados Unidos, 1355

George W. Bush, ex presidente de Estados Unidos, 1206

Courtney Cox, actriz, 1150

Amy Tan, autora, 1110

Kobe Bryant, estrella de basquetbol, 1080

Bill Clinton, ex presidente de Estados Unidos, 1032

Al Franken, comediante, senador de Estados Unidos, 1020

Corrige las palabras mal escritas I

Cada una de las siguientes palabras está mal escrita. Escribe correctamente cada palabra.

1. llendo ______________
2. respetémosnos ______________
3. haiga ______________
4. veniste ______________
5. mayugar ______________
6. calmastes ______________
7. satisfaciera ______________
8. idiosincracia ______________
9. cirnió ______________
10. elejir ______________

RESPUESTAS

1. yendo
2. respetémonos
3. haya
4. viniste
5. magullar
6. calmaste
7. satisficiera
8. idiosincrasia
9. cernió
10. elegir

CALIFICACIÓN

Otorga 16.5 puntos por cada respuesta correcta.

165 Genio
148-132 Inteligencia Dotada o Superior
115 Inteligencia Superior a lo Normal
99 Inteligencia Promedio
83 Inteligencia Abajo del Promedio
70 o menos Inteligencia Muy Baja

Corrige las palabras mal escritas II

Cada una de las siguientes palabras está mal escrita. Escribe correctamente cada palabra.

1. hélise

   ____

2. transtorno

   ____

3. esparatrapo

   ____

4. zarpullido

   ____

5. fuertísimo

   ____

6. dentrífico

   ____

7. antiguedad

   ____

8. girafa

   ____

9. acredor

   ____

10. absenteismo

   ____

RESPUESTAS

1. hélice
2. trastorno
3. esparadrapo
4. sarpullido
5. fortísimo
6. dentífrico
7. antigüedad
8. jirafa
9. acreedor
10. absentismo

CALIFICACIÓN

Otorga 16.5 puntos por cada respuesta correcta.

165 Genio
148-132 Inteligencia Dotada o Superior
115 Inteligencia Superior a lo Normal
99 Inteligencia Promedio
83 Inteligencia Abajo del Promedio
70 o menos Inteligencia Muy Baja

Corrige las palabras mal escritas III

Cada una de las siguientes palabras está mal escrita. Escribe correctamente cada palabra.

1. metereología
 ____
2. londonense
 ____
3. revindicación
 ____
4. hazmereír
 ____
5. diverger
 ____
6. extrangero
 ____
7. escojer
 ____
8. distribuición
 ____
9. uvicación
 ____
10. inflingir
 ____

RESPUESTAS

1. meteorología
2. londinense
3. reivindicación
4. hazmerreír
5. divergir
6. extranjero
7. escoger
8. distribución
9. ubicación
10. infligir

CALIFICACIÓN

Otorga 16.5 puntos por cada respuesta correcta.

165 Genio
148-132 Inteligencia Dotada o Superior
115 Inteligencia Superior a lo Normal
99 Inteligencia Promedio
83 Inteligencia Abajo del Promedio
70 o menos Inteligencia Muy Baja

Corrige las palabras mal escritas IV

Cada una de las siguientes palabras está mal escrita. Escribe correctamente cada palabra.

1. uvicación

   ____

2. aduciste

   ____

3. realizes

   ____

4. rujir

   ____

5. bavear

   ____

6. hinestable

   ____

7. cazcarás

   ____

8. bienabenturado

   ____

9. pescueso

   ____

10. anelante

    ____

RESPUESTAS

1. ubicación
2. adujiste
3. realices
4. rugir
5. babear
6. inestable
7. cáscaras
8. bienaventurado
9. pescuezo
10. anhelante

CALIFICACIÓN

Otorga 16.5 puntos por cada respuesta correcta.

165 Genio
148-132 Inteligencia Dotada o Superior
115 Inteligencia Superior a lo Normal
99 Inteligencia Promedio
83 Inteligencia Abajo del Promedio
70 o menos Inteligencia Muy Baja

Corrige las palabras mal escritas V

Cada una de las siguientes palabras está mal escrita. Escribe correctamente cada palabra.

1. tortículis ______________
2. amigdalas ______________
3. gaspacho ______________
4. hexótico ______________
5. expocición ______________
6. esprimir ______________
7. subención ______________
8. astío ______________
9. exorcisar ______________
10. preveer ______________

RESPUESTAS

1. tortícolis
2. amígdalas
3. gazpacho
4. exótico
5. exposición
6. exprimir
7. subvención
8. hastío
9. exorcizar
10. prever

CALIFICACIÓN

Otorga 16.5 puntos por cada respuesta correcta.

165 Genio
148-132 Inteligencia Dotada o Superior
115 Inteligencia Superior a lo Normal
99 Inteligencia Promedio
83 Inteligencia Abajo del Promedio
70 o menos Inteligencia Muy Baja

CAPÍTULO 11

ORDENA LAS LETRAS

LSAT

Frank Bowles, funcionario de admisiones de la Escuela de Leyes de la Universidad de Columbia, creó la Prueba de Aptitud de la Escuela de Leyes (LSAT por sus siglas en inglés) en 1945 como una forma confiable de estimar la idoneidad de quienes solicitaban entrar a la escuela de leyes. Hasta 1945, casi todas las escuelas de leyes en Estados Unidos habían dependido ante todo del promedio escolar de los aspirantes. Bowles invitó a funcionarios de admisiones de otras escuelas de leyes importantes para que trabajaran con él en crear un prototipo. Se inscribieron representantes de Harvard y Yale, sin embargo, los funcionarios de admisiones de la Universidad de Nueva York se mostraron escépticos de que una prueba así tuviera alguna funcionalidad. Pero para 1947 otras escuelas de leyes estaban trabajando con Bowles y sus colegas, y se administró la primera prueba LSAT en 1948. En la actualidad, la prueba se ofrece cuatro veces al año a posibles aspirantes a la escuela de leyes.

La prueba mide comprensión de lectura, razonamiento lógico, razonamiento analítico y requiere una muestra de escritura. La calificación perfecta es 180 y es en extremo rara.

Desde 1998, Michael Nieswiadomy, ecónomo de la Universidad del Norte de Texas, ha realizado diversos estudios que tratan de predecir las especialidades universitarias de los aspirantes a la escuela de leyes que tienen mejores resultados en LSAT. Estudió las calificaciones de la prueba LSAT por especialidad y descubrió:

	ESPECIALIDAD UNIVERSITARIA	CALIFICACIÓN PROMEDIO
1	Matemáticas o Física	160
2	Economía y Filosofía o Teología	157.4
3	Relaciones Internacionales	156.5
4	Ingeniería	156.2
5	Servicio en el gobierno y Química	156.1
6	Historia y Estudios interdisciplinarios	155.5
7	Lenguas extranjeras	155.3
8	Inglés	155.2
9	Biología o Ciencias naturales	154.8
10	Artes	154.2

¿Qué significan estas calificaciones? Las escuelas de leyes de las ocho universidades más prestigiosas del Este de Estados Unidos, además de las escuelas de leyes de más alto nivel, como Stanford, por lo general exigen calificaciones de 160 o más. Las calificaciones en el rango de 159-150 pueden lograr la admisión en una escuela de leyes de universidad estatal. Los aspirantes que tienen calificaciones menores a 150 tal vez tengan problemas para que los admitan en una escuela de leyes.

Ordena las letras I

1. talicotan
   A. Atlantis
   B. atlético
   C. autismo
   D. Atlántico

2. rendote
   A. rentado
   B. tendero
   C. rodante
   D. tendedor

3. blasei
   A. Isabel
   B. sables
   C. bésala
   D. sábila

4. robiva
   A. bovina
   B. víbora
   C. bárbaro
   D. rabino

5. prolotetidac
   A. Pericles
   B. letárgico
   C. pterodáctilo
   D. pictograma

6. coalis
   A. social
   B. solar
   C. coral
   D. solicito

7. pantazangi
   A. apelmazan
   B. tapizadas
   C. pazguatos
   D. Apatzingán

8. sompac
   A. empaco
   B. compás
   C. pócima
   D. campos

9. enirmva
   A. mantuve
   B. volumen
   C. Minerva
   D. vomiten

10. dapianaer
    A. repondrán
    B. panadería
    C. rapándola
    D. esperarán

RESPUESTAS

1. D. Atlántico
2. B. tendero
3. A. Isabel
4. B. víbora
5. C. pterodáctilo
6. A. social
7. D. Apatzingán
8. D. campos
9. C. Minerva
10. B. Panadería

CALIFICACIÓN

Otorga 16.5 puntos por cada respuesta correcta.

165 Genio
148-132 Inteligencia Dotada o Superior
115 Inteligencia Superior a lo Normal
99 Inteligencia Promedio
83 Inteligencia Abajo del Promedio
70 o menos Inteligencia Muy Baja

Ordena las letras II

1. rengosis
   A. resignas
   B. ingresos
   C. sangrías
   D. sangráis

2. anguiricon
   A. guarnición
   B. ignorancia
   C. ennegrecí
   D. engrandecí

3. higacoc
   A. agachan
   B. Chicago
   C. gauchos
   D. gabacho

4. tinsiveta
   A. antevista
   B. aventaste
   C. visitante
   D. invitaron

5. trenauic
   A. calentar
   B. centuria
   C. encontré
   D. convertí

6. salnoic
   A. Nicolás
   B. colines
   C. enlaces
   D. consola

7. naccio
   A. cáncer
   B. cocina
   C. chance
   D. ciclan

8. larias
   A. aleros
   B. raleas
   C. darías
   D. aislar

9. nalecaa
   A. calcado
   B. cancelo
   C. encalco
   D. alacena

10. trecorai
    A. errático
    B. correcto
    C. criterio
    D. encurtir

RESPUESTAS

1. B. ingresos
2. A. guarnición
3. B. Chicago
4. C. visitante
5. B. centuria
6. A. Nicolás
7. B. cocina
8. D. aislar
9. D. alacena
10. A. errático

CALIFICACIÓN

Otorga 16.5 puntos por cada respuesta correcta.

165 Genio
148-132 Inteligencia Dotada o Superior
115 Inteligencia Superior a lo Normal
99 Inteligencia Promedio
83 Inteligencia Abajo del Promedio
70 o menos Inteligencia Muy Baja